中轴之门

李哲 著

北京日报出版社

目　录

第三章 · 门之风云

第四章·门之趣闻

第五章 · 门之谜团

序言

这本《中轴之门》，其实只是开了个头——万事开头难，门正是开端，首当其冲、至关重要，所以才写中轴之门。这本小书，是中轴老照片和文字的融合，我写中轴线上的门，不想只是面面俱到，那就成了词典；也不想浮光掠影，那还不如不写；更不想复制粘贴，虽然我也引用了一些真知灼见。我一心想着把日常的小考证集腋成裘，奉献给怀着喜爱或好奇之心的人。

老照片是信息的集合，从前的拍摄者自己都不曾注意的细节，会神奇地传递到当下，点亮另一些充满兴趣的眼神。而后，当下的人循着蛛丝马迹，凭着逻辑，辅以文字的线索，可穿越到另一个时空去。百年之间，倏忽往来，这便是影像的魅力。但这本书不是一个图集，文字有着无可取代的魅力，每一篇文章都是气韵连贯的，需要一气呵成的阅读。

我按照传统的顺序，由南向北，穿过了这条辉煌而又充满烟火气的轴线，不只写了门，还写了门的配套，桥、石狮和牌楼等等，零零碎碎，以及由门引出的神奇的皇城街巷。

我们生活的这座城，是一座历史之城，也是一座未来之城。我们可以想象未来，但解读历史却不能只是想象。除实物以外，图像和文字就是历史留给我们最直接的证据。作为古都名城的北京，它的图文资料不可谓不丰富，但庞杂纷纭，缺少梳理。新的时代记录，在广度和深度上也多有缺憾。在如此便于记录、搜寻的电子媒体时代，我们对自己身处的这座伟大都市的解读，反而显得贫乏苍白了。

近二十年来，先是在网站论坛，而后是在微信、微博，我开始与同好一起，对北京的历史影像，不断搜寻和整理，考证和记录。我也书写，并一直尝试在考据、论述和随笔间搭建桥梁，至于文章能够登在传统的纸媒，那是很晚之后了。我对自己的定位，只是一个民间写手，我喜欢这种民间感。于是许多年间，我们凭着热爱，在百年的长河里打捞时光的碎片，不停歇地对有关北京的旧日影像搜集考证，并佐以文字解析，希图穿越百年，拼凑出更加真实的现场和更为生动的细节。

机缘巧合，或者命定如此，北京的旧日影像，在不断集中和梳理之后，层层叠叠地集中于那条“龙脉”，虽然经历了现代城市的大规模营建，但北京依然保有那条举世无双的中轴线，人们只是延伸了它，深描了它，整座城还在绕着这条轴线在缓慢地周转往复，创造历史。

也正是在这条轴线上，我们发现光影凝结于一些节点，如同琥珀，在反复和创造中形成经典，其中尤为凸显的，就是一座座门户。因为影像的记录，观察者的目光，往往首先集中于建筑群的门户上，门户总会给人深刻的第一印象，记录者也许能够登门入户，也许只能徘徊门前，但无论如何，门的影像和文字记录，在北京城市地理写作中，是俯拾皆是且熠熠生辉的。

北京作为首都，有得天独厚的条件，在照相发明的初期，北京便成为沿海地区以外最受摄影者瞩目之地，留下了数量远超想象的旧日影像。摄影术的发明是在1839年，仅仅21年后，摄影术就进入北京，将一个从古典时代缓缓走来的北京城记录了下来。北京1860年有了第一批老照片，早期多是玻璃湿版所印蛋白照片，且多为外国来华人士拍摄，主观视角和客观条件均有其特殊性。内城的东南部以及前门、崇文门内外，影像尤多，这是靠近当时的使馆区的缘故。一个常见的拍摄路线，就是从东交民巷东口出来，登崇文门，俯拍城门内外，甚至还能在城墙上向东向西探寻，拍摄东南角楼、观象台和贡院，西边则可拍摄正阳门和宣武门，甚至还有人走到了西南角楼、醇亲王府南府一带。下了城墙，还可以向东单溜达，沿途拍摄。而北京饭店的客人，则多会拍长安街。若要去隆福寺逛逛，则会拍东四南北大街，东单牌楼、东长安街牌楼、东四牌楼都是要拍的，尤其东四南大街两侧店铺，常常入镜。甚至还有口耳相传的“打卡地”，尤其以茶叶店、饽饽铺和药铺居多，因为这类店铺往往装饰精美，夺人眼球。他们还喜欢拍街头的婚礼和葬礼队伍，尤其是葬礼的仪仗，由此也记录了作为背景的店铺、寺庙和人群。

城楼、寺观、坛庙、衙署和王府等大型建筑也往往是摄影师的关注点，尤其是城门，无论是内外城的城门，还是皇城各门，摄影师路过总忍不住举起相机，这些东方的宏大建筑太过壮丽，那种冲击力是难以抵挡的。

其实在早期，外国摄影师的活动范围是很受限的，即使清廷不阻拦，他们自己也会有安全顾虑。皇家禁地即使能靠近，也难得一窥堂奥，顶多对着大门一通拍。繁华的街巷倒是可以一去，若不是常年在京的“中国通”，还真不敢随意深入，别的不说，只是架上那方方大大的摄像机，就足以引来大批的围观群众，好奇心也会带来困扰，而在义和团运动开始后，更是会带来危险。1860 年的英法联军和 1900 年的八国联军两次侵入北京，这些摄影师反而得以更深入、更广泛、更系统地拍摄这座古老帝都，中轴影像也由此迎来了它的高峰，但拍到的却是满目疮痍，是面无表情的受难的百姓。

从 1860 年拍下的第一张北京老照片开始，一直到中华人民共和国成立，近一个世纪的记录，为北京城留下了大量珍贵的影像画面，费利斯·比托（Felice Beato）、约翰·汤姆森（John Thomson）、谢满禄（Robert de Semallé）、山本赞七郎（Sanshichiro Yamamoto）、小川一真（Ogawa Kazumasa）、西德尼·戴维·甘博（Sidney David Gamble）、海达·莫理循（Hedda Morrison）、喜仁龙（Osvald Sirén）、唐纳德·曼尼（Donald Mennie）、约翰·詹布鲁恩（John David Zumbrun）、海因茨·冯·佩克哈默（Heinz von Perckhammer）等等，都是北京摄影史上不可回避的人物，他们的作品在时间、角度、资料性和艺术价值方面各有所长。比托和汤姆森的作品特点是早且精，可惜留存不多。谢满禄的作品是个“富矿”，范围广而且角度少见，目前多在收藏家手中，整理有待时日。山本赞七郎和小川一真是日本摄影师的代表，精细而且注解到位，尤其在庚子国变期间拍摄了不少皇家禁地影像。甘博注重社会调查，所拍摄作品是那个时代的真实记录，且数量很多。海达·莫理循和詹布鲁恩拍摄的作品则都具有量多质高的特点，而且艺术性很突出，这是长期在北京生活的摄影师，有着对北京城的深刻理解。喜仁龙则是将影像记录同对北京城墙、宫殿和园林的调查研究深度结合，曼尼、佩克哈默则将拍摄的北京城市影像，制作成影集、明信片，使这些影像得到了广泛传播，虽属于短期采风，但拍摄作品艺术性很高，拍出了那个时代西方人眼中北京的美景大观。正是这些各有特点的摄影师，给北京留下了多彩的时代画卷，珍贵的影像资料。当然，这只是比较有代表性的摄影师，还有一些机构和个人也拍摄了大量旧京影像，以及录像资料，比如20世纪30年代北京寺庙调查影像资料、“华北交通株式会社”影像资料等，再比如德国公使穆默、美国公使馆一秘固力之、丹麦摄影师瓦德马尔·蒂格森等，其作品和收存都有很强的资料价值。

暂且抛开艺术价值不论，从北京历史文化的考证研究来说，这些影像是文字记录所无法取代的宝贵史料。拍摄者所括入镜头的一切，都在无声地讲述一个真实直观的过往，这些影像并不因为拍摄者的关注点而显得单一，相反，我们能够在其中看到无比丰富的信息，如果照片足够高清，甚至还能如福尔摩斯一般发现一些蛛丝马迹，探寻到不为人知的历史机密。

随着时间的推移，研究的深入，北京老照片的数量和内容，都在不断刷新我们的认知，我们逐渐意识到，北京老照片是海量的，并且新的内容不断在浮出水面，一笔笔描画着时空彼岸的那个古都，让我们得以踏浪而行，一睹真容。

在这海量的北京老照片里，中轴影像可谓独树一帜，因为中轴线对于北京这座古都，的确是一种代表也是一种象征，而百年来镜头后那一双双审视的眼睛，也被这样的象征性所深深吸引。这些老照片不仅能让我们看到部分已经消失的中轴建筑的真容，也能让我们追溯一座座建筑的变迁，时代的刻痕在这些历史影像中历历在目，这样的视觉冲击力是文字所无法取代的。而且那可以不断放大的细节，会印证、会解答，也会去伪存真。

如今，中轴线申遗进入了一个关键时期，但申遗只是开端，保护才是目的，选择中轴门户作为这本书的主题，也是考虑到中轴保护的广泛参与性，如何深入浅出地介绍中轴，如何让民间和专业的交流畅通无阻，如何让不甚了了的人们登门入户，我想，从中轴线上一座座门户开始，其传播效应是显而易见的。

结合这些中轴老照片，利用微博和微信群这些交流平台，我和同好们在不断地发现新的细节，在蛛丝马迹中看到了一个不同以往的北京，具象的、微观的、生动的北京，在其中浮现出来。如今我将这些糅入这本书里，试图勾勒和深描我们意识到的那个更原真的老北京和中轴线，但又意识到任务的重大和自身的浅陋，遂以门户为落脚点，做此最初的呈现。

也许您会好奇，是什么让我们如此痴迷于北京老照片，为何图像让文字更加立体和真实？首先，利用老照片，能够直观地感受到旧日风貌。比如庚子国变后两宫回銮，是怎样的一种场面，朝廷如何组织这次迎驾活动，甚至慈禧太后和光绪帝如何在正阳门瓮城内进香，慈禧太后如何向城头观礼的洋人打招呼致意，都是只有通过老照片才能深入了解的。其次，老照片可以有力地推动考证，弥补史缺。如书中提及的正阳桥牌楼匾额，庚子国变时曾遗失，重修时补上，但文字资料并未记录到的是，这满汉双文的匾额，其实文字顺序前后更换了，换之前是满文在右，换之后是满文在左，而老照片则记录了这一变化。又比如地安门庚子国变时被日军轰毁，文字记载很少涉及，且语焉不详，但一张当时从景山俯拍地安门一带的老照片，就直接给出了答案，地安门已经消失。这些，在书中都做了生动的讲述。再次，老照片可以纠正一些误判，有一锤定音的效果，缺乏专门文字记载的，正可以通过解读老照片加以弥补。比如大清门匾额质地，最常见的说法是青石匾，还有一面刻大明门、一面刻大清门的传说，而根据 1917 年张勋复辟失败后拍摄的老照片，这明显是一块木匾。

老照片之外，老地图也是非常重要的图像资料，两者概括来说可称为旧京舆图。老地图里包含着丰富的信息，其资料价值并不逊色于老照片，甚至对于善用者，更是能够提供珍贵有力的信息，如清乾隆十五年（1750 年）绘制的《乾隆京城全图》、清康熙二十一年（1682 年）绘制的《皇城宫殿衙署图》等古地图就具有尤为重要的史料价值，清末民国制作的现代地图，更是为研究提供了精准详尽的信息，尤其是在地名、设施、交通，以及城市变迁等方面，有着无可取代的研究价值。结合地图，还有航拍图值得注意，自 1901 年庚子国变时期法军热气球航拍北京后，京城景观开始呈现出前所未有的视角。1921 年，航空署组织开展了北京上空的“空中游览”，使民众也可以有机会在北京上空，俯瞰这座城市的壮美风貌。因为北京这座城市地位的特殊性，军事航拍图则在各个年代都有拍摄，尤其是 1943 年、1951 年、1959 年和 1966 年航拍，都有很高的资料价值。

总而言之，旧京舆图，尤其是中轴老照片，在北京历史研究和文化传播中的作用不容忽视，这本《中轴之门》是一个尝试，而如何在收集、研究、利用、传播方面形成闭环机制，打通学界和民间研究壁垒，搭建资源共享平台，并建立良性运转的图像研究利用模式，以及创作更多具有广泛传播性的作品，将是我们面临的一个重要课题，无疑也是助力中轴申遗和保护的一个有力举措。

而我们所要做的，就是不断解读和创作，在深挖的同时也推广，让更多的人参与到中轴申遗、名城保护中来，使古老的北京城、辉煌的中轴线更加魅力恒久、活力焕发，让我们和我们的孩子们拥有更真实的认知，更深刻的理解，和更美好的未来。

楔 子

一门又一门

1900年8月14日，八国联军攻入北京，美军负责的正是中路这一线，当他们付出了极大代价连夜攻下正阳门，于8月15日攻打皇城时，却发现还有一座大门横亘在面前，这就是大清门。巨大的木门扇岿然不动。求功心切，美军动用了大炮，近距离抵射，木屑四溅，可怕的炮声在棋盘街和千步廊上空轰然回响。好不容易打开了大清门，美军绝望地发现，在深邃危险的长廊后面，还有一座更为巨大的城门，这就是天安门。装备新式武器的皇城护军在城楼上进行了顽强的抵抗，美军费尽九牛二虎之力穿过天安门后，发现还有一座几乎一模一样的城门在等着他们，最后在日本苦力的帮助下，拼接了几个木梯，才勉强翻了过去，而在端门后等待他们的，则是紫禁城的正门——雄壮巍峨的午门。美军在一道命令下在午门前停了下来，紫禁城的大门终归没有被他们彻底打开。笔者相信，震慑虎狼之师，并在他们心中轰然作响的，不仅仅是厚重的、难以轰开的木门受袭时回荡的声响，还有那一代代王朝刻意营造出的神秘和至高无上的威严。

1900 年 8 月 15 日，美军炮轰端门。图片来自美国陆军部财政报告，现藏于美国国家档案馆

美军占领端门后向天安门方向拍摄。每占领一座皇城门户，他们都要付出极大代价。图片来自美国陆军部财政报告

美军在日本苦力帮助下爬上端门。他们把梯子搭在了值房上，才勉强能够爬上城头。图片来自美国陆军部财政报告

端门被占领后。图片来自美国陆军部财政报告

导 语

《日下旧闻考》中记载范镇之赋幽州曰：“是邦之地，左环沧海，右拥太行，北枕居庸，南襟河济，形胜甲于天下，诚天府之国也。”《金史》中亦有言：“燕都地处雄要，北倚山险，南压区夏，若坐堂隍，俯视庭宇。”

形胜甲于天下的北京，也是一座礼制之城，不仅是依礼制而建，而且是为礼制而立。中轴线，是这座城市若隐若现的规划基准，乐章展开由此，蓝图展布亦由此。

人们若是能够沿着整条中轴线步行，定会经历几次心潮的起伏。但是，一个人步行穿过整条中轴线，在古代只能是一种想象，因为中轴线规划设计的最大特点就是绕行，唯有皇帝才能在御道直行，直接通过层层门户。如果我们按照想象中的路线步步行进，会发现不同的门户靠着距离、形态和装饰，成功实现了氛围的营造。

从永定门到正阳门这一段，长长的石道在内外城的两座正门之间无声延伸，在天桥作了一个优雅的起伏，又继续它的沉默穿行。在正阳门前，又有五跨的正阳桥牌楼和三桥合一的正阳桥，可谓“三阳开泰”，至此城池市井已经接近尾声，即将迎来皇城气象的层层铺排。

正阳门后，是皇城前端的大清门，此门与皇城正门天安门之间，同样是一条长长的石道，但从规制上已经上升为龙尾御道，成为帝王专属了，这意味着“天上人间”的交替变幻。经由皇城到达宫城，需要经过三门一桥，途经内外千步廊和四座华表、两对石狮，这才能到得宫阙之前。进出宫城有四座门户，皆为高城台、庑殿顶，宫内有前朝三大殿、后寝三大殿，亦配有层层门户。至此，中轴的旋律远未结束，它还要跃上景山之巅，做五次咏叹，才继续朝着又一道深远的长街行进，两侧且有黄瓦红墙和雁翅楼阁，在道路的尽头，是一座和景山前的北上门、景山门形制相呼应的皇城后门——地安门。地安门外，便又是帝都市井，万宁桥和金水桥隔紫禁城遥相呼应，整座皇城亦可看作浮于河海之上的金鳌之城，而在一条繁华的大街尽头，则是时间的终点和起点——钟鼓楼。

正如建筑史家萧默先生在《建筑的意境》中所说：“整座北京城就是这样高度有机地结合起来的，有着音乐般的和谐和史诗般的壮阔，是可以和世界上任何名篇巨制媲美的艺术珍品。”

作为金、元、明、清的京师，民国早期和新中国的首都，这座城市所承载的，乃是古国文化最核心的部分，也是中国古代文化最深刻精练的表达。而京师最核心的表达，就是文化的黄钟大吕，皇朝的秩序架构，符合礼制的逻辑。所以在中心要布置皇城，而且要层层递进，宫苑深深，门户森严。“宫室城邑，非巨丽宏深，无以雄视八表。”（欧阳玄《圭斋文集》卷九，《马合马沙碑》）中国古建筑是“群”的概念，组合穿插，让人游历其中时，能够对空间不断有所感受，瞬时的空间感在这里变为长久的时间历程。李泽厚先生在《美的历程》中亦有言：“中国的这种理性精神还表现在建筑物严格对称结构上，以展现严肃、方正、井井有条……非常简单的基本单位却组成了复杂的群体结构，形成在严格对称中仍有变化，在多样变化中又保持统一的风貌。”

这正是中国建筑美的灵魂，对比西方来说，这是“群体构图”的理念，是“美在关系”的构想，建筑群由一个个模块化的空间组合而成，以院落的形式铺展开来，前后左右各有统属，建筑之间映衬对比，不同功能的庭院流转变化，空间与实体虚实相映，室内、室外交融过渡，从而形成壮丽的铺陈和丰富的造型，强烈的氛围得以渲染，意图得以传达，秩序得以树立，给身处其中的人以深刻的感受。

而起承转合，过渡连接，靠的正是重重门户。不同的体量和形制，不同的层级和讲究，这些门户在庞大的建筑群中，往往是如同音符一样的存在，是画龙点睛的一笔，从而促使中国建筑在外部空间的创造上，占据了世界的高峰。

以中轴线为基准的北京老城，尤其皇城、紫禁城，正是这种结构方正、逶迤交错、气势雄浑的建筑群代表。在这样的建筑群里，一座座按规制依律耸起的主体建筑的前端，一组组布局分明的建筑群的节点上，总有让人进退有序、分明界限的门户，不同的门代表了不同的权限，不同的界限意味着不同的地位。甚至连门钉都是有数的，可以做阴阳高下的讲究。

如果说，北京中轴线反映了中国文明对于城市空间秩序和生活秩序的理解和塑造，那么，北京则是对中国传统理想都城模式的实践，折射出中国古代文明灿烂的光辉。同时，因着北京首都的属性，中轴线获得了新的内涵和生命力，不断拓展和加深了这种文明的实践和秩序的塑造。而尤为重要的是，这中轴线上的一座座门户，更是这建筑的恢宏乐章中最别开生面的音符，响彻历史的天空。

西便門
水關
板橋衚衕
二條衚衕
三條衚衕
半截衚衕
七條衚衕
六條衚衕
五條衚衕
四條衚衕
三條衚衕
二條衚衕
頭條衚衕
教廠中街
北草廠
坑
新街口
正黃旗界
橫橋
官衣庫
寶禪寺
車兒衚衕
五王侯衚衕
太安侯衚衕
街兒衚衕
石老娘衚衕
臭皮衚衕
蔣家房
龍王廟
街坑
羅兒衚衕
草廠
賈家衚衕
護國寺
棉花衚衕
羅圈衚衕
鐵匠營
得勝橋
法華寺
大街
八調灣
馬家廠
石橋
正黃旗界
北豫閣
大街

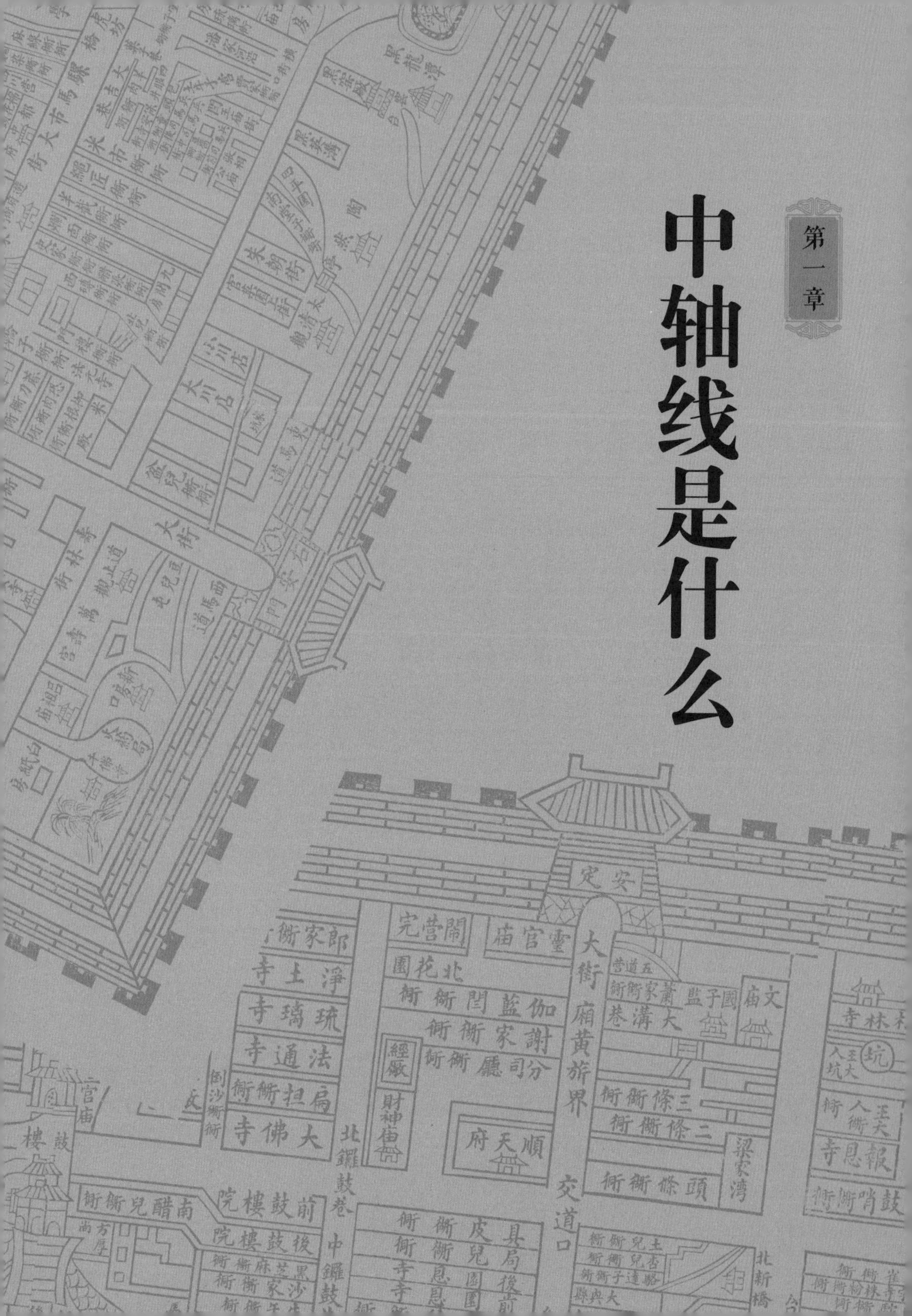

第一章 中轴线是什么

北京中轴线是什么

我们常说的北京传统中轴线，北起钟鼓楼，向南经过万宁桥、景山、故宫、天安门广场、正阳门，至永定门，贯穿北京老城南北，全长约 7.8 公里。作为中国传统文化活的载体、东方文明古都规划建设的最高成就，北京中轴线自元大都建都 750 余年来，一直统领着城市功能与空间格局。

北京中轴线是有生命力的不断生长变化的轴线，可谓历久弥新，绵延不绝，它曾经是，并且仍将是随着北京城的发展而不断延续与变化的。随着历史变迁及社会经济和城市建设的发展，中轴线及其两侧建筑群也在经历变迁与改造，但其作为一个整体的城市空间序列却始终保持着真实性与完整性，对北京城市发展发挥着持续的影响力，是北京城市规划设计的重要依据，各个时代的北京城市营造始终没有脱离这条轴线。北京中轴线既是古典生活方式的历史见证，又是中国传统文化与价值观活的载体。

传统中轴线肇端于元，定型于明清，是在依礼制而规划建设的过程中逐渐形成的，代表着中国传统文化最核心的部分。崇尚“率由旧章”的明清两代，以天子“三朝五门”的制度为根本，规划了皇城大内，按照前朝后寝的区划，排列了重重的门宇殿堂。不唯如此，王城，尤其是皇城宫阙，还是天宫在大地上的投影。中国古代的天文体系中，星空被分为三垣、四象、二十八宿。紫微星（北极星）所在的区域称为紫微垣，恒居中天，众星环绕，为天帝所居，正对应着大地的统治者——天子的紫禁城。

从北往南，中轴线上分布着一系列重要景观，包括文物、遗迹、建筑群、历史道路，有钟鼓楼、万宁桥、景山、故宫、端门、太庙、社稷坛、天

1943 年美军航拍北京局部

1943 年美军航拍北京局部

安门、外金水桥、天安门广场及建筑群、正阳门、中轴线南段道路遗存、天坛、先农坛、永定门等。

英国历史学家汤因比曾说：“北京给人印象深刻之处，不在于展现在肉眼前的这座实际的物质上的城市，而在于那设置在上苍中的原型，元大都和明北京不过是它最近的——很可能是最后的——化身……它选择华北平原上这块特定的地方来展开它的对称和严整的格局，在此之前，它已经在亚洲的多少块平原上多少个地方展开过？毫无疑问，在汉代和唐代的洛阳与长安展开过，但是同样也在哈里发马蒙的巴格达展开过，在阿育王的巴连弗邑展开过，在尼布甲尼撒的巴比伦展开过……”

中轴线和北京城

北京中轴线最突出的特点，是对产生于3000年前的周代理想都城模型的实践。从这个意义上说，北京是古代都城的集大成者，从来没有一个城市如此具象地体现了这种理想，它蕴含着中国传统哲学、自然观和对理想社会形态的追求。从3000年前的城市理想秩序，到750多年前元大都选址规划，再到明代的拓展、清代的完善，一脉相承、不曾中断。现代北京历次城市总体规划也都强调了中轴线，将其作为北京城市最重要的发展轴线，充分展现了对中国传统文化精神的传承与弘扬。

从南向北看，中轴线南端为郊坛区域，古木森森，建筑格局宏敞而通天达地，甚至有“绿肺”之称。天桥和前门大街则是京城市井文化最为丰富活跃之区，其北的天安门广场是今日的政治中心和重要的礼仪活动中心。昔日的皇家宫殿——故宫，作为中国现存规模最大的宫殿建筑群，是中国古代文化、艺术的展示区。在宫殿背后是景山，这是对远古时期高台聚居的追述，而中轴线的最北段，景山到钟鼓楼，则是北京老城生活最具代表性的区域之一，宫殿区和居住区彼此相连又互相区隔，也是古已有之的布局安排。

无论是过去还是现在，北京中轴线和北京的社会生活都密切结合在一起。北京是全国政治中心和文化中心，北京中轴线也是中国政治活动和文化活动的中心和重要载体，是首都风貌的核心。

北京地里全圖

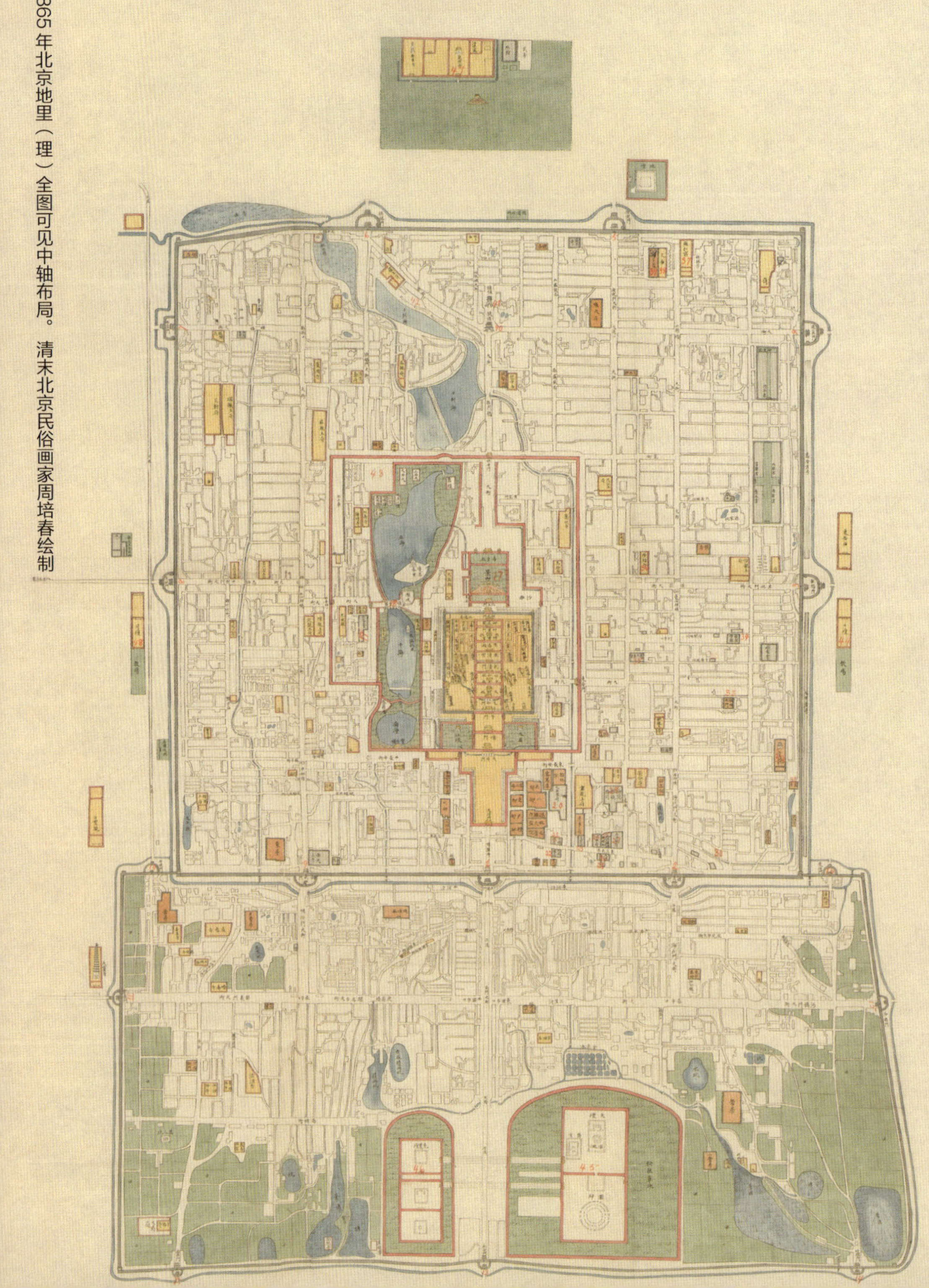

1865年北京地里（理）全图可见中轴布局。清末北京民俗画家周培春绘制

中轴线和紫禁城

中轴线不仅穿过了紫禁城，也是由宫廷轴线铺展开来的，皇城和紫禁城的明清宫殿建筑群，是东方建筑“点线群面”审美的顶峰。整个建筑群以全长2500米的纵轴线串联，从皇城最前端大清门开始，穿过三座宫廷广场，越过景山，潜出地安门，跃升于市井之中的钟鼓楼，每一节和每一段落，艺术手法和效果都各有不同，但都不离皇权渲染这一恒久主题，相互连贯，一气呵成。

它的前导空间由天安门、端门和午门前三座广场组成，长达1250米。大清门单檐歇山顶，呈含而不发之势，门内以天安门为对景，过渡以千步长廊和纵深的御道，透视中有引导，为壮丽的天安门做了充分的铺垫。至天安门前，广场忽作横向，展翼而有长安左门和右门，拱卫着高耸城台之上的九开间的天安门城楼，红墙黄瓦玉石栏杆，又镇以华表石狮，可谓前导序列的第一个高潮。中国建筑无意于一目了然，讲究含蓄和内敛，这大清门到天安门的进程，是其杰出的范例。

作为午门的前端，天安门的加强音，端门前，广场四面闭合，气魄为之一收，平和沉静，向着另一个高潮过渡。这一高潮就是午门前的高峻森严，钟鼓齐鸣中，外朝的最高旋律在宫城正门前达到顶点，而37.95米高的午门楼，正是紫禁城的最高建筑。封闭纵长的午门广场，情感可以充分地酝酿，午门的“凹”字造型，三面围合的巨大建筑，高峻单调的红墙占满视野，俯临、封闭、紧张，高度强化的皇权通过建筑获得了淋漓尽致的表达。这就是前导空间的序曲。

庚子国变时法军在热气球上航拍紫禁城，这可谓最早的紫禁城航拍影像

而由前朝后寝组成的紫禁城本体，则是高潮。太和门广场是明代御门听政所在，宽度加大的同时收减了深度，视野为之一变，情绪从高峻森严中走出，向端庄中正过渡。太和殿广场则是正方形的核心区域，35.05米高的大殿俯临整个宫廷广场，雄踞于三层汉白玉台基之上，传递出凛然不可犯的神圣祭台本质，整个宫廷乃至王城的亘古属性终于露出了原貌。

这些由门户分隔的广场真是各有个性，在统一的严肃基调中有着微妙的不同。午门广场威严高峻，太和门广场平和宁静，太和殿广场则在庄严中蕴含着平静与壮阔。庄严体现了尊卑等级的“辨异之礼”，而平和宁静体现了维系民心的“统同之乐”。

1912—1914 年飞机航拍紫禁城一带

西便門
教廠中街
坑
七條衚衕
六條衚衕
五條衚衕
四條衚衕
三條衚衕
二條衚衕
頭條衚衕
北草廠
曹老觀
橫橋
正黃旗界
新街口
官衣庫
寶禪寺
車兒衚衕
五王侯衚衕
太安侯衚衕
石老娘衚衕
水關
板橋衚衕
二條衚衕
三條衚衕
半截衚衕
法華寺
大街
蔣家房
龍王廟
街坑
羅兒衚衕
草廠
賈家衚衕
棉花衚衕
護國寺
羅圈衚衕
得勝橋
鐵匠營
馬家廠
石橋
正黃旗界

安定
靈官庙
北花園
郎家衕
淨土寺
琉璃寺
法通寺
扁担衕
大佛寺
經廠
財神庙
謝家衕
分司廳衕
順天府
國子監
文庙
大溝巷
三條衕
二條衕
頭條衕
梁家湾
交道口
報恩寺
柏林寺
前鼓樓院
後鼓樓院
南醋兒衕
鼓樓

第二章

中轴之门

美在群落，以门承转

中国古典建筑有其独特的审美，其艺术魅力胜在群落布局。建筑群虽也意在突出主要建筑，但却是以群体拱卫烘托而成，建筑之间有鲜明的逻辑，有主有次，有先有后，建筑群也互相照应，彼此勾连，如同中国人之间遵从的交往礼仪和处世之道。这样形成的建筑群，就具有了一种独特的审美调性，在哲学上达到了更高层面的统同融合。中国传统建筑，不满足于单体建筑的具象营造，更着意于整体的谋篇布局，借此俯瞰万物，品察群生，在更大范围的宏观规划上，追求建筑和自然融通共生的境界，且放眼于全境——一座山、一座城。这些建筑彼此响应，从而组成丰富的“系列”，有抑有扬、有起有伏，有含蓄有升华，有收敛有余音，从而将看似散漫的点，串成严密的整体，这是一种有机的默契。

而北京城可谓此种建筑艺术的集大成者。在其中轴部分的群体布局中，中轴线建筑的依序排列具有头等重要的意义，轴线两侧建筑则是烘托和拱卫。中轴线两侧布局大致对称，千步廊东西布置中央级衙署，午门广场外分置“左祖右社”。这种宫殿居中，前侧左右分列太庙、社稷坛的布局，鲜明体现了族权和神权对于皇权的烘托。串联紫禁城的三座宫前广场，其布局也是渊源有自，依从周礼，取法于北宋汴梁宫殿，经历代迤逦发展而来。

而这种群落布局之美，又通过一座座各具特色的门户，勾连承转出来，在每一座重要的门户背后，都藏着意想不到的震撼，和扑面而来的气象。有了这些门户的敛收，这一切都变得含蓄起来。堂皇神秘的门庑后，是深广的宫廷广场和巍峨的殿宇，随着功能的变幻，一道道门在世人面前层层开启又在背后重重关上，一种美的张力就这样一步步蓄积营造出来，“天人合一”的王朝气象也逐步展现。中轴线上，高大威严的国门（即国都之门）、皇城门，长长的千步廊，纵深的空间，从朝前市到御街再到一座座宫廷广场，再到御苑和后市，最后收于钟鼓齐鸣。空间的转化为情绪酝酿提供了充分的时间，时空不断转变，风格不断变幻，色彩巧为搭配，稳健中不失灵动，令人叹为观止又心悦诚服。这种建筑布局思想从夏商周到明初，它的成熟经历了一个长达 3000 多年的时间历程，是中国古典建筑艺术的底色。宫殿居中、“左祖右社”的布局早在《周礼·考工记》中便已有记录。它不仅影响了后世宫殿布局，对于佛寺、坛庙、衙署和住宅等等，也有着深远的影响。

门的源流

门，自古至今都是建筑出入口的开关设施，其作用主要是分割内外空间，是供人出入建筑的通道，同时也具有安全保卫的作用。《释名·释宫室》有："门，扪也。在外为人所扪摸也。"门户既然是建筑群或一幢建筑的出入口，在布局上起着重要作用，在精神上的作用也必然是更集中更凸显的。可以说，门是首要的讲究，是审美的开端。

关于门，《康熙字典》援引多种古籍，有着详尽的阐释："凡物关键处，皆谓之门。""人所出入也，在堂房曰'户'，在区域曰'门'。"还提及"王行止食息，张帷为宫，树旌以表门"，这在祭祀的坛庙建筑中还留有遗韵，所以天坛始终保留黄幄，而棂星门则保有最初的形制。早期又有"车宫辕门"，当初帝王止宿在险阻之处，车以为藩屏，仰车以其车辕作门，所以后世有"辕门"之称，兵营和衙门常用，甚至袁世凯总统府新华门左右也有辕门之设。甚至牌楼也是门，同乌头门、灵星门（后写作棂星门）颇有渊源，只是后世大多去了栅栏，门的作用消失，而让位于华丽的标识了。倒是大高玄殿牌楼的栅栏门长久保留，反而显得那般与众不同了。

《周礼·考工记》是历代都城营造的标杆，周代的宫殿是由门、广场和殿堂组成的，它们依中轴线不断纵深，层层递进，因着不同的功能营造着不同的氛围，在秩序、运转和典礼的交互中，达到预定的空间艺术效果。这其中，门屋以及墙垣门是各类门最基本的形制，它们是这一纵深构图中的一个个关键节点。

中轴线上的这些屋门、墙门，可细分为殿式门、城楼门、院门（两旁砖墩，上有横梁）、砖洞门、垂花门和随墙门（部分有琉璃，部分为牌楼式），正如楼庆西先生在《中国建筑的门文化》中所说：“一座皇城和宫城，从天安门、午门到太和门、乾清门，从突出于墙体的院门，到附于墙体的各式随墙门，它们从大到小，从崇丽到一般，组成古代宫廷中门的系列，完全反映了中国古代封建社会中一整套礼仪制度和礼教思想。”

门户的核心，就是门本身的各个部分，比如门扇、门钉、看叶、铺首、油漆，这些都能在装饰的同时体现规制。在中轴线上，人们见到最多的门扇有两种：实榻门和槅扇门。实榻门常见于宫城门、宫墙门及重要建筑前门庑。这种门的特点是采用厚木板拼接而成，且门上有门钉。门钉即带有帽子状装饰物的钉子，其最初目的是为了固定门板。由于实榻门往往要由多块厚木板拼起来，时间一久容易散开。为了避免木板块散落，就在门板里头穿木带，再用钉子把木带与木板钉牢。然而，外露的钉子既影响门的美观，又容易生锈，因而古人在钉子外增加了个“帽子”，其材质有铜质也有木质，形状圆而凸起中空，如湖中水泡一样。这种门钉兼有实用及装饰功能，并能给人以防御之感。紫禁城内门钉数量一般为九行九列，“九”是最大的阳数，体现了古代帝王非凡的地位。

另外一种常见的门多用在殿宇，即为槅扇门，宋代叫格子门，四扇一组，中间两扇对开，两边单开或固定，槅扇用于分隔室内外或室内空间，槅扇门既可连通内外，又能分隔室内空间，同时可以透光、通风等，因而具有门、窗、墙的功能。其在唐代已经出现，宋代以后大量采用，用于朝向内院的房屋立面墙，分隔房屋内部空间。像太和殿槅扇，主要由抹头（横向的木条）、上部的槅心、下部的裙板组成，其中，槅心在槅扇中占用的比例最大。槅心部分的纹饰疏落有致，为糊纸裱绢提供支点，同时起到通风、采光的作用。由于槅心会采取不同形式的纹饰，因而这部分是最能体现槅扇艺术特色的部分，是装饰的重点所在。故宫里的明间槅扇，多为四扇，这是在主要宫殿上

槅扇门。图片来自小川一真 1906 年出版的《清国北京皇城写真帖》，拍摄时间为 1901 年。

小川一真（Ogawa Kazumasa, 1860—1929）是日本明治时代知名摄影师。1901 年，八国联军占领北京之际，小川一真来到北京，拍摄了许多北京城的建筑照片。就目前所知，小川一真是最早、最系统地拍摄紫禁城的摄影师之一

的追古做法，秉承了宋代及其以前的做法，但那时开间尺寸都比较小，大多在五米以下，槅扇高宽比也在 2∶1，四扇即可。但到了明清，很多大型宫殿开间超过七米，高度也有大的增加，而宫殿还在遵循前代传统，这就导致了槅扇过大，和人的比例不够协调。解决办法是上面加一道中槛，中槛和上槛之间设横批窗，中槛下增加中柱（没有中槛的小型建筑叫顶枋柱），这样就可以缩小槅扇宽度，槅扇数量也可以加大到六扇。

由此可知中国人对门是如何的重视，所谓“撑门面”“顶门立户”，皆有此意。而作为首善之区，京师是全国的脸面，作为京城和皇城的营造轴线，礼制的核心，中轴又是京师的脸面，这中轴上的一座座门，自然更是要大放异彩的门面，是丝毫不能含糊的。

门的讲究

关于中轴的门户，有这样一种说法：如果把中轴门户层层洞开，天子是要一览无余的，也希望臣民能够洞察自己的过失。这种说法其实有其渊源。“（宋）太祖建隆初，以大内制度草创，乃诏图洛阳宫殿，展皇城东北隅，以铁骑都尉李怀义与中贵人董役按图营建。初命怀义等，凡诸门与殿须相望，无得辄差，故垂拱、福宁、柔仪、清居四殿正重，而左右掖与升龙、银台等诸门皆然，惟大庆殿与端门少差尔。宫成，太祖坐福宁寝殿，令辟门前后，召近臣入观，谕曰：‘我心端直正如此，有少偏曲处，汝曹必见之矣。’群臣皆再拜。后虽尝经火屡修，率不敢易其故处矣。”（宋代叶梦得《石林燕语》）

这其中，门户森严产生的效果尤为神奇，人对门的认知向来非同一般，在象征权威的门前往往望而却步，城门、宫门、府门、衙门，哪一个不是权威的象征？门户也是最先被认识的，在无法进入时便可以一窥门径，看门户就能知道阶层、级别、贫富，甚至能看出职业、出身、族望、籍贯乃至信仰。城门和宫门更是如此，在标识和寓意上倾注心力和想象，体现哲学和思想。如果城市和宫廷是一本巨大的书，那门户就是它精心设计的封面，所以人们在这门面上用足了功夫，哪怕一个小小的垂花门，也是渊源有自，而一座座城楼宫门，本就是一座座灿烂辉煌的可通行的殿宇，连接着空间的内外，这就是门户的重要。

除了院落的门，单体建筑本身也有门。中轴线上重要的建筑物多是在正立面（南立面）开设门窗，背立面（北立面）除了正中部位开设槅扇外，其余全部为封闭的墙体，这属于地理环境学的“负阴抱阳”做法。“负阴抱阳”

即建筑坐北朝南，有其地理学的原因：黄河流域处于北半球亚热带季风气候最为显著的地区，冬季形成高气压，有长达数月的偏北寒风，夏季则有来自南方致雨的季风，且暑气逼人。在这种条件下，建筑朝正南方向最为适宜，北侧封闭以御寒，而南侧开窗则利阳光照射和夏季通风。《周易·说卦》有“圣人南面而听天下，向明而治”，意思就是古圣先王坐北朝南而听治天下，面向光明而治理天下。北京夏季多南风，冬季多北风，太和殿坐北朝南，其南部门窗通开，有利于夏天通风；其北部封闭，有利于冬天御寒。

了解了中轴线以及门的源流和讲究，接下来就要探索中轴线上到底有哪些门了，让我们分“门”别类，层层剥解。

分“门”别类：“内九外七皇城四”

作为都城的北京城址，受水源地等自然资源和人文政治环境改变等多重因素影响，几经变更，但都牵连相依，前后继承。元大都以太液池为中心，依托金代大宁宫，是依礼制重堪舆、平地而起的中古都城，但重进攻不重防守的蒙古人，并未按照内城、外城、外郭进行建设，大都只有一道城墙。明代在嘉靖时为防蒙古骑兵，勉强在南端构筑了外城，草草收束，也只是将正阳门、崇文门和宣武门这前三门的关厢包裹其中，未能形成真正的内城外城格局。而在东、西、北三面，都多少有土墙充作外郭，对关厢形成一道防护。北部土墙是元大都的北城墙和东西城墙北端，也就是如今的北土城和东、西土城，朝阳门、东直门外三里，关厢尽头，也有土城，应是元或明的构筑，西边土墙则是金或更早时期的遗存。就这样北京城形成了独特的“凸”字结构，又在这“凸”字里约略形成一个“回”字，那就是皇城和宫城，并在内城设置九门（正阳门、崇文门、宣武门、朝阳门、阜成门、东直门、西直门、安定门、德胜门），外城设置七门（永定门、左安门、右安门、广渠门、广安门、东便门、西便门），皇城设置四门（天安门、地安门、东安门、西安门），宫城亦设四门（午门、神武门、东华门、西华门）。而中轴线上，则尽是国门、都门，天子门庭。

高门巨户，自成体系

中轴线及其周遭的一系列重要的门户，互成系统，彼此勾连，纵横呼应，构成了中轴线上最直观的一道景象。一些规制崇隆的门，还配有桥和牌楼，以及狮子、华表和下马牌，并有影壁、照壁，甚至还有镇物。可以说，一座门就是一个小体系，几座门又构成一个更大的体系，不同门户体系之间又同属一个建筑群，且连接出更大、更多的建筑组群，从而在“点线群面”上围绕主体建筑和功能场域，构筑起辉煌的礼制空间，营造出神秘的精神氛围来。

中轴线上的重要门户：

永定门、燕墩

正阳门、正阳桥、正阳桥牌楼

中华门、天安门、长安左门、长安右门、外金水桥

端门、午门、阙左门和阙右门

太和门、协和门、熙和门、内金水桥

东华门、东安里门、东安门、望恩桥

西华门、西安门

乾清门、景运门、隆宗门

坤宁门、天一门、顺贞门

神武门、北上门、北上东门和北上西门、景山门

地安门、万宁桥

“内九外七皇城四”的这些门户中，正门皆在中轴线上，外城正门就是永定门，内城正门是正阳门，素有“国门”之称，而皇城正门是天安门，宫城正门是午门。如上所述，每座门又有一套体系，比如内城正阳门，前有箭楼，左右各有闸门，一套城门体系有四座门，正门、前门、两侧门，正阳门箭楼前还有正阳桥和桥牌楼，瓮城内还有两座寺庙，闸门外亦各有一座。皇城正门也是，天安门为正门，大清门为其前门，长安左门和右门为侧门，天安门配有金水桥（外金水桥）、石狮和华表，其他三门都有下马牌，四门形成的“T”字形封闭广场上还有千步廊。午门和端门以及阙左门、阙右门又是宫城正门体系，由此进入前朝。太和门和左右两侧的协和门（明代左顺门）、熙和门（明代右顺门）是一个体系，太和门前有金水桥（内金水桥）和宫廷广场。后寝则是乾清门，和左右两侧的景运门和隆宗门形成一个封闭体系，且是前朝和后寝的自然过渡。

天人合一，彼此勾连

古人常说帝王是九五之尊，九为阳数的极数，五为居中之数，《周易·乾卦》亦曰："九五，飞龙在天。"中轴线上，九五之数首在门户。有一种说法是说，天子有九门：关门、远郊门、近郊门、城门、皋门、库门、雉门、应门、路门。这是东汉郑玄在注解《礼记·月令》时所提一种相当古老的概念分类。按宋代陈祥道《礼书》："天子九门者，路门也，应门也，雉门也，库门也，皋门也，城门也，近郊门也，远郊门也，关门也。"这也是同一种分类，不过九门很难同近世一一对应，大致关门对居庸关一类，远郊门对巩华城、宛平城一类，郭门即郊门，故近郊门对永定门一类郭门（外城门），城门则是正阳门一类内城门，皋门对应承天门（天安门），库门对应端门，雉门对应午门，应门对应太和门，路门又称毕门或寝门，对应乾清门。这九门里又分内外，以国门为界，国门及其外之门皆为外门，而皇城门以内则为内门，这其实也是城的分野，皇城以外就是民间，皇城以内才是帝王家。明代《永乐大典》里记载："诸说云天子门九，极阳之数也。自关以至国，是为外门，外门有四，于天子为远故也；自皋以至路，是为内门，内门有五，于天子为近故也。远则防闲宜少缓，近则防闲宜加严，故其门数如此。"而且外门和内门的命名也有不同讲究，外四门是根据位置远近，内五门则是根据其内涵和用途。所以《永乐大典》中还有这样的表述："且外门之名，指其所也，内门之名，阐其义也。关门则疆地之门，司关所掌者是已。国门则王城之门，司门所掌者是已。郊地百里，近郊五十里，故有近郊门；远郊五十里，故有远郊门，此外门四之说也。"

更常见的是天子五门说,《周礼》中规定“天子五门”,“诸侯三门”,这是礼制和尊卑秩序的象征。天子五门为皋门、库门、雉门、应门和路门;诸侯三门为皋门、应门、路门,又一说为库门、雉门和路门,总之是宫殿规格低,进深小,礼数少,门户也就压减。(《礼记·明堂位》云:“库门,天子皋门;雉门,天子应门。”郑玄注云:“天子五门,皋、库、雉、应、路。鲁有库、雉、路,则诸侯三门。”)

不但五门九门的顺序说法不一,而且自战国以后,都城宫室制度中,循此制者无几,直到隋唐时期才恢复天子五门制,这都是刻意要复古,到了明代更是变本加厉,所以在宫殿规划时没少动心思,且越来越合辙押韵。唐时,长安太极宫的天子五门为:承天门、太极门、朱明门、两仪门、甘露门。明代天子五门为:大明门、承天门、端门、午门、奉天门(皇极门),清代则是大清门、天安门、端门、午门、太和门。但还有一种笔者认为更为合理:承天门(天安门)、端门、午门、奉天门(太和门)、乾清门,分别对应皋门、库门、雉门、应门和路门,为天子五门,之所以不写大明门(大清门),是因为它并非皇城正门,只是正门的配套,而皋门则是开端之门,按《永乐大典》里所载:“皋之言高也,谓其制高显也……始事之辞……五门始于此,故曰皋……皋,缓也,皆以皋为缓。则门之远者谓之皋……近则迫,远则缓,皋门为五门之远者。”皋门就是第一道门,对于进门者“高”,对于深居者“远”,自然得是皇城正门承天门。明清时期,端门用于存放皇帝出行所用的仪仗用品,所以是库门,而且1918年,端门至午门一带成为国立历史博物馆的馆址,午门辟为陈列室,端门用作文物库房,继续默默无闻地做着老本行,如今端门又成了数字化展厅,倒真是一座够“酷”的门。奉天门是天子五门中的应门,“应门者,居此以应治”,明代的常朝和御门听政就是在此。而乾清门则是后寝门,路门正是寝门之意,清代御门听政也在这里,对比周制,反而是比明代更复古,因为路门正是周制御门听政所在——周天子也想多睡会儿啊。

除了五门，又有三朝，外朝、治朝和燕朝。而在乾隆朝《国朝宫史续编》中，对大清门、天安门和端门的定义是“外朝三门”，大清门是“皇城第一门”，天安门为“皇城正门”。至于端门，属于后来增建，“制与天安门同”。天安门不是单指一座门楼，而是一个建筑体系，包括大清门、千步廊、长安左门和右门以及天安门城楼。端字是前端的意思，端门就是前面的门，端门在紫禁城的最前面，所以端门是紫禁城的前大门，端门后面两侧还有阿斯门（侧门）结构也说明了这个问题。端门和午门，加上阙左门、阙右门构成宫城（紫禁城）正门的体系。因为献俘礼是在午门举行，所以午门这里也是外朝所在，而且如今去午门也是不需要门票的，午门前，阙左门和阙右门之间，甚至百年间一度是一条可以通车的马路，可以一直连通到东安门和西安门去。

吕思勉在《中国制度史》中说道：“库门之内为外朝，九棘三槐在焉。其地为万民所可至……其内为应门，诸侯曰雉门，雉门之内为治朝。”

三朝的第二朝是治朝，“群臣治事之朝也”（《周礼注疏》），御门听政就是治朝，明代是奉天门听政，到了清代反而回归周制，到路门也就是乾清门听政了，路门之外正是治朝之所。路门以内则是燕朝之所，这就是第三朝了，大致是接晤及与群臣议事、燕饮，举行册命及与宗人集议。

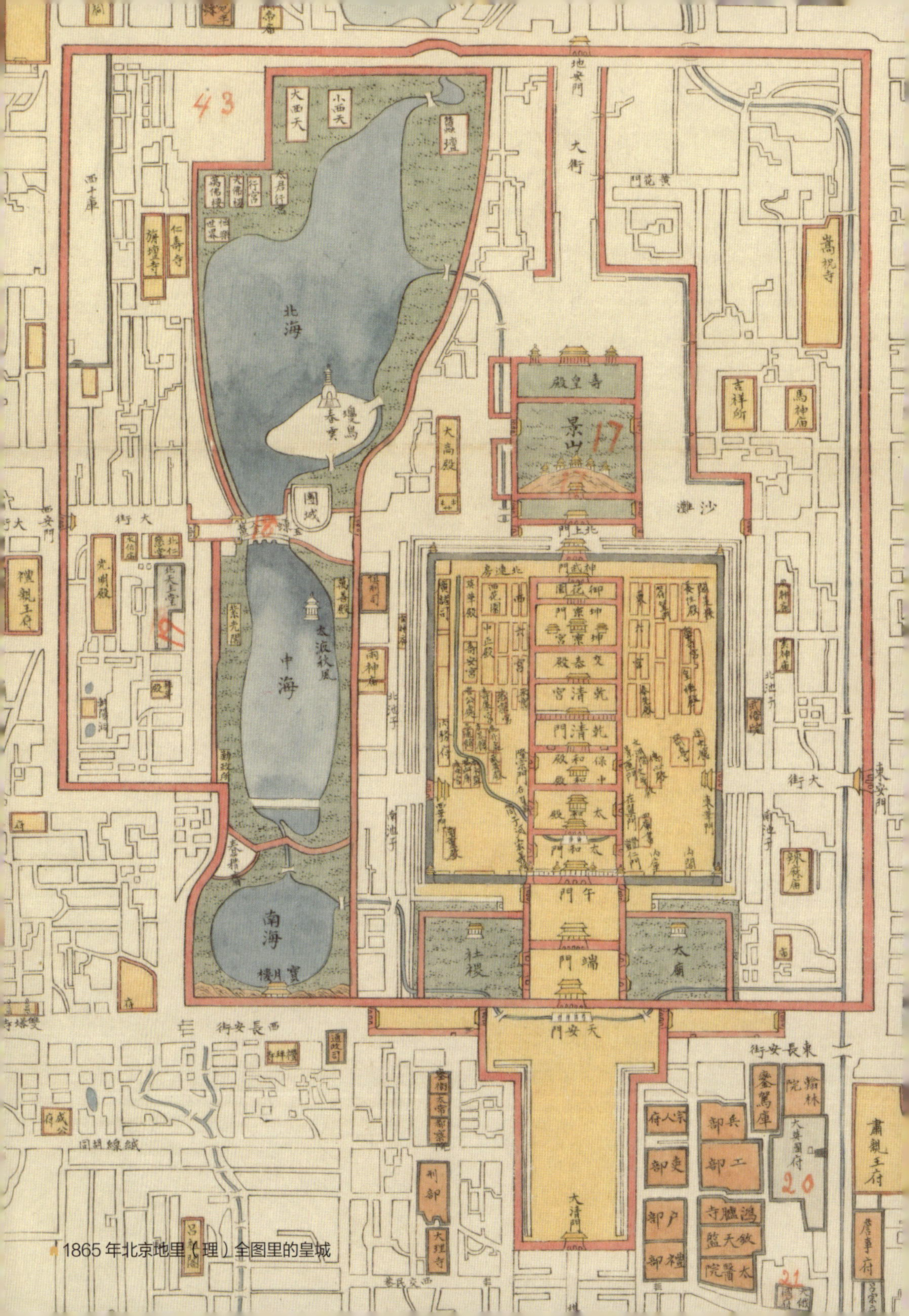

1865 年北京地里（理）全图里的皇城

意象之门

其实除却这核心的五门，中轴上还有一系列的门户，沉重地、缓慢地按时开启又关上的门户，有抵御的作用，也有统御的规划。

倒是可以从明代的一幅北京宫殿图说起。这一类画，很有点合影留念的意味，也称“金门待漏图”，大多是官员致仕后请画师所画，往往是程式化的画法，画的人甚至官员本人都没进过这皇城宫殿，照着范本辗转传摹，有详有略，且不成比例，但其中有宝贵的信息。明代的京师舆图太少，尤其这样的直观绘画，更是少见，而台北故宫博物院所藏的北京宫殿图，就是少有的内容丰富且绘制细致的一幅。

在这幅明代北京宫殿图中，描绘了一系列重要的中轴门户，不仅将天子五门完整无缺地绘制出来，而且将永定门、正阳门这样的屏藩之门也一一绘出。全图结合立面与平面的形象绘法，生动展现了明代北京皇城及部分内城的宫殿建筑、城垣、城门、衙署、府邸、河湖、苑囿、坛庙、寺观等。其中奉天、华盖、谨身三大殿已改为皇极、中极、建极，说明是嘉靖四十一年（1562 年）之后了。图中还绘出了北台，也就是乾德台，万历二十九年（1601 年）夏建，天启元年（1621 年）十一月十四日拆。由此看，此图是万历之后绘制的了。

此图的重点正是中轴，由此扩展，形象绘出了中轴重要门户和宫城内的主要宫殿，自南边的永定门、正阳桥牌楼、正阳门起，向北依序是大明门、承天门、端门、午门、皇极门、皇极殿、中极殿、建极殿和乾清宫。城楼、宫殿屋顶一律涂黄，城门系统瓦面用绿，牌匾蓝底金字，城门、宫门、牌楼全部涂上

明代绘制的北京宫殿图，绢本，设色，312.5 厘米 x169.5 厘米，现藏于台北故宫博物院

大红色，宫城地面灰色，其余地面土黄色，多少反映了当时中轴的色彩搭配。

这幅图也反映了当时一般官员百姓对京师核心建筑的直观印象，是一种深刻的秩序井然的象征。在本就有限的画面里，一切的描绘都是必不可少、不可或缺的，在一些更为简略的宫殿图里，也很少会简化中轴线上这一系列的描绘。对于中轴的反复的描画，持续了一个王朝的这种最终的纪念，折射出的正是帝京王城最引人瞩目的象征意味。在高级官员的眼中，这一系列的门户宫殿，代表了他们一生仕途最辉煌的阶段；对于无从出入皇城大内的低级官员来说，这样的宫殿之图是对于其职业生涯最好的弥补；对于平民百姓来说，则满足了好奇和敬畏。

清代也有这样一幅图，且是皇家御用画师所作，满足的是皇帝俯临京师的需求，那就是《京师生春诗意图》。此画为宫廷画家徐扬于乾隆三十二年（1767 年）绘制，全图以鸟瞰式构图，展现了晚冬初春雪霁云蒸的京师全貌，描绘了天坛祈年殿、正阳门大街、五牌楼、紫禁城、景山、西苑、琼岛等建筑，画卷上题有乾隆帝仿唐代诗人元稹《生春二十首》创作的二十首贺春诗。

仅仅一两幅图画就能持久地带给人视觉的冲击，那么一座座耸立于京师核心之地的皇城宫殿，又会给人一种怎样的震撼呢？人在高大的层层递进的建筑面前，是那样的渺小，仰视、穿越、探视，在经过一系列仪式感满满的穿行之后，层层门户巍然于身后，沉重的大红门缓慢地关上，在豁然开朗的广场，再次升腾起巨大的宫门和殿宇，在晶莹的汉白玉和绚烂的彩绘，以及繁复的门窗雕饰和庄严的砖瓦大木俯临之下，一切井然有序。

这中轴线上的重重门户，便是京城脊梁上的关节所在，连通敏感的神经，传递恒久的信息，以达于四面八方。它贯通古今所传递的，是这个文明古国最为生动的历史，这片热土最为贴近的心跳，这泱泱中华最为深奥的哲学，而登堂入室，窥其堂奥，总要先从这层层门户开始。

清代徐扬所绘《京师生春诗意图》局部，在无从鸟瞰的年代，能够有这样的视角，也是难能可贵。画家把握住了北京城的核心要义，秩序、层次、规模都在画家笔下徐徐展现。《京师生春诗意图》，绢本，设色，256 厘米 x233.5 厘米，现藏于北京故宫博物院

西便門
大街
將軍教場
教厰中街
七條衚衕
六條衚衕
五條衚衕
四條衚衕
三條衚衕
二條衚衕
頭條衚衕
坑
北草厰
正黄旗界
新街口
水関
板橋衚衕
二條衚衕
三條衚衕
半截衚衕
法華寺
大街
蔣家房
龍王廟
羅兒衚衕
草厰
賈家衚衕
棉花衚衕
護國寺
宝禪寺
官衣庫
車兒衚衕
羅圈衚衕
鐵匠營
得勝橋
正黄旗界
馬家厰
石橋

第三章 门之风云

永定门与广安门

外城七门里，最气派的，当数永定门和广安门，城楼两层，歇山顶，灰筒瓦，三重檐。永定门是中轴最南端的门户，不光气派，城楼还配有竖匾，这在内城九门里也是只有正阳门才有的待遇，那可是国门啊，而永定门，可以说是中轴的南端之门，国门的前端之门了。

永定门气派尚能理解，可广安门偏居西侧，为何也是同样的高规格？甚至都没考虑对称，生生比东边的广渠门高出一个位份，这又是为何呢？

那就先解此惑，从广安门说起。

广安门的确有说头，别看是外城门，却是正经有石道的，通卢沟桥，京西要道所经，骆驼队的铃铛声，几百年不绝于耳。李自成的队伍，也从这城门洞子鱼贯而入，掀翻了大明朝两百多年的宴席。

广安门的诞生和升级，其实跟明清帝王中的两位“基建狂热爱好者”都有关系，一位是嘉靖帝，一位是乾隆帝。广安门始建于明嘉靖三十二年（1553 年），位于外城西垣正中偏北，初建时为单檐歇山顶，形制与东边对应的广渠门相同，属于普普通通的外城小城门，而且只有城楼，没有瓮城和箭楼。嘉靖四十三年（1564 年）增筑了瓮城，但未建箭楼，不过不用着急，乾隆帝会及时跟进，广安门作为南巡的必经之门，他自然会重点关照。清乾隆十五年（1750 年）以后，重建了瓮城，增建了箭楼。这还不过瘾，到了乾隆三十一年（1766 年），广安门再次改建升级，规制直追外城正南门永定门，外形与之相似，但等级略低。乾隆帝甚至还让人在南巡图里夸大了广安门城楼的格局制度，以至于直逼内城城门，也算彻底满足了一回他那难以遏

民国早期拍摄的永定门。此时的永定门已经修缮，庚子年的伤痕在表面上已经愈合了

庚子国变时拍摄的广安门

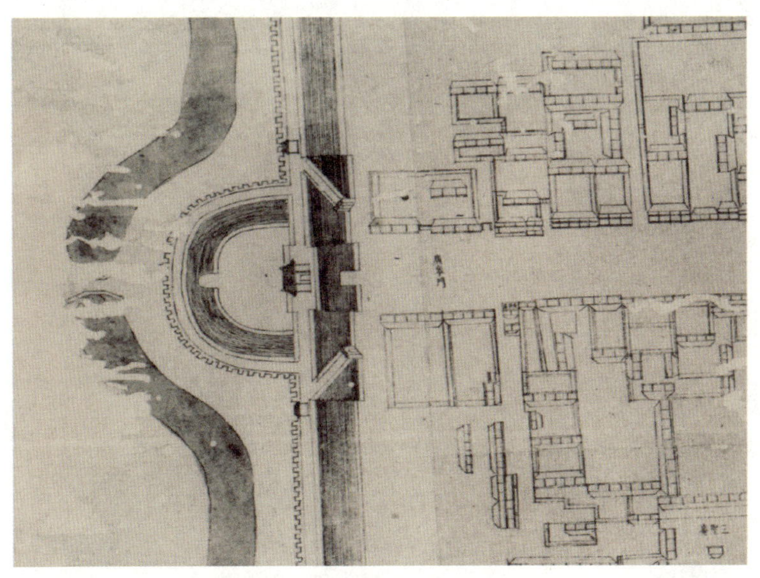

乾隆十五年绘制的《乾隆京城全图》里的广宁门，此时还未升级，箭楼尚无

制的“基建畅想”。可惜的是，广安门箭楼及瓮城于 1955 年拆除，挺拔的城楼于 1957 年拆除，存在四百年的广安门从此消失。

广安门最早叫“广宁门”，意为“广远持久安宁”。道光三年（1823 年），为避道光帝旻宁名讳而改称“广安门”，这门所在乃是要道，所以必须“安宁”，从山陕、河南、湖广、四川、云贵等地由陆路至北京，皆走涿州至卢沟桥官道，自广宁门（广安门）入京。乾隆帝时为壮都门观瞻，下令将广宁门城楼由单层升为两层，乾隆朝圣驾六次南巡，俱自乾清门启銮，由大清门，出广宁门，开启一次次盛世巡游。

在《乾隆南巡图》里，还绘有广宁门满汉双文石额。此门最早因距金代彰义门旧址很近（彰义门在广外湾子一带），民间也习称彰义门。而广安门内大街，则正是辽南京和金中都最繁华的檀州街，广安门位置基本就在当年金中都中轴线和檀州街的交会处，皇城北门外，正类似于如今鼓楼的所在，

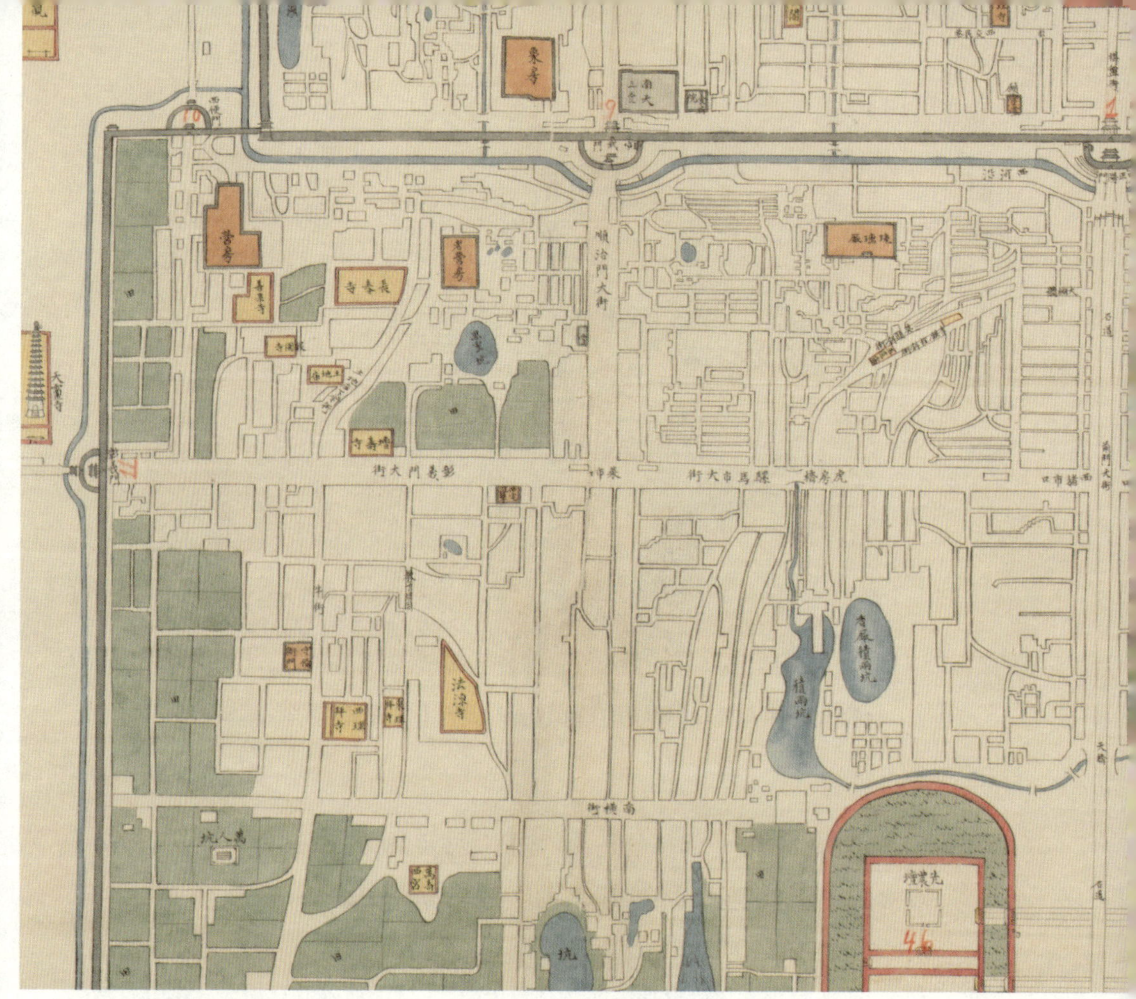

1865 年北京地里（理）全图里，可见广安门内街巷布局

总之就是从始至终都处于商业黄金点上，可以说见证了北京自建都以来的无数的繁华纷扰、风云变幻。

不用今名而用旧称，这是老北京人好古恋旧的习惯使然，就如称朝阳门为“齐化门”，阜成门为“平则门”。广安门是正经八百的外城西门，进京要道，在老北京人这里，是绝不加儿化音的，即使是民间常称的“彰义门”，也还是不带儿化音。但跟它对着的，东边的广渠门，却能加——“广渠门

儿”，这么说是可以的，而且大多这么说。北京城门带儿化音有规律，一般正门不带，比如前门、永定门，绝不带。偏门带，比如东便门儿、西便门儿，不能少了。不过也有特殊，齐化门带不带都没毛病，广渠门也一样。问题来了：为什么这齐化门和广渠门可以带儿化音？

其实说不出个为什么，约定俗成，就这么叫的，实在要说个理由，也许是广渠门离运河近，离通州不远，沾漕运的光，更市井吧，而且皇上轻易也

清末拍摄的永定门城楼，此时仍悬挂着满汉双文的竖匾。此匾后去除满文改为汉文匾额，现存首都博物馆

庚子国变时期拍摄的广安门城楼。当时广安门并未发生攻城战，故未遭到炮火破坏

不打这儿过。至于齐化门，就更费解，内城正经八百的城门，唯独它这么叫，而朝阳门却不能带儿化音，原因嘛，大概是齐化门民间常用，且叫“齐化门儿”顺嘴儿，另外因是三教九流之地，不那么官方派头吧。

连通广安门和广渠门的，是两广大街，这一度是南城唯一的东西通衢，若从檀州街算起，那就存在千年了。尤其广安门内外，大街两侧，百业兴旺，店铺林立，装满了老北京的繁华记忆。关厢路北的药铺、达官营的镖局、甘石桥的野茶馆、湾子的二荤铺、六里桥的洞子菜、财神庙的戏台、大佛寺的牌楼，都是很有名的，而广内的报国寺、土地庙、增寿寺，乃至虎坊桥、湖广会馆、珠市口、三里河，哪一个不是大名鼎鼎？就连弃市砍头的菜市口，也在这条街上。没有建外城时，这里是前三门关厢的终点，繁华市井的尽头，有着一个个著名的路口：菜市口、珠市口、磁器口。除了正阳门外的前门大街一直通到天桥，并向天坛、先农坛和永定门延伸，崇文门外大街和宣武门外大街，到了这一线，再往南就不再是街，而多是小胡同或者荒郊。所以宣武门外大街南端是菜市口，往南直到开发扩路的 20 世纪 90 年代才打通为大道。崇文门外大街则南到磁器口为止，迤南单有条南北街，并不正对，如今还在，叫磁器口大街，其东侧就是后来开通的崇文门外大街延长线，磁器口大街反而退为小街儿了。

同为北京外城城门，人们常常把广安门和永定门搞混，都是二层城楼三重檐，且由于外城城墙较矮，尤其广安门以南城墙，城墙全高 6.95 米，只是内城墙的五分之三，而两城楼皆通高 26 米，这就更衬托出其巍峨挺拔，在一众外城城门里显得卓尔不群。老照片里，这两座门箭楼很像，城楼类似，不好分清。对比一下可知，广安门面阔三间进深一间，永定门则是面阔五间进深二间；广安门城楼檐下无竖匾，位于中轴线上的永定门则有；广安门朝西开，永定门朝南，光影不同。此外，永定门内也不如广安门繁华。

永定门和广安门更多的则是相似之处，都是皇帝出游常常经过的城门，

清代徐扬所绘《乾隆南巡图·启跸京师》里的广宁门（广安门）。《启跸京师》为《乾隆南巡图》第一卷，纸本，设色，1988.6 厘米 x68.6 厘米，现藏于中国国家博物馆

画中的广宁门匾额细节

都是高规格外城门，都是箭楼保留了未曾升级的原规格，且都是箭楼下开有门道。

而更难得的，两座门都有少见的石道。广安门石道乃是外省陆路进京孔道，尤其著名的就是乾隆帝南巡所经，皇帝曾在御诗里对“三门石路砥平平”加以注解：“京师广宁门为四方辐辏之地，朝阳门为京东一带入都孔道，西直门至圆明园则御驾经行，百官趋直。三处俱有石道，岁久不无倾圮，特命发帑重葺。又以卢沟桥为经环同轨，轮蹄络绎，亦须整葺，一并修治平坦。”石道类似于今天的高速公路，当年北京城有石道的城门并不多，乾隆帝提到了三处——广安门、西直门、朝阳门。还有便是正阳门到永定门有石道，西城墙外，西便门到阜成门再到西直门也有一条石道，在城墙护城河外，大路上整段铺设的唯有上述几座城门。东直门外和崇文门外，也只是延伸出了一段，大道则是垫土甬道。

不同于其他几座门的城外石道，永定门通正阳门是少有的城内石道，庚子国变结束后的1902年1月7日，两宫回銮时，慈禧太后和光绪帝专门在城外马家堡车站提前下了火车，自永定门坐轿子由石道进城，以示庄重。但需要指出的是，雍正七年（1729年）修筑、1906年拆除的这条石道，同广安等三门外石道类似，都是豆渣条石、错缝糙墁、两侧牙石勒边（也就是路牙子）的石道。

其实永定门内不光有石道，还曾有铁路。八国联军占领北京后，拆通永定门西侧城墙豁口，将原在城外马家堡的津卢铁路延伸入京，终点站移至天坛西门前，甚至在天坛内祈谷坛门前也设立了一个车站，一时间先农坛和天坛间的禁区成了乱糟糟的火车站，1902年两宫回銮前才彻底拆除恢复原貌（《北京志·市政卷·铁路运输志》）。同时期开建前门东火车站时（1900年11月，永定门至正阳门铁路通车），又在永定门东侧增开豁口，铺设新路轨，此段经行天坛迤东，穿过龙潭湖的铁路至今犹在。而前门西火车站的

庚子国变时拍摄的天桥以北石道旧照。自永定门至正阳门皆为此种石道

铁路则向西直接穿过了广安门北侧城墙，永定门与广安门可谓被时代紧紧绑在了一起。此外，北京最早的有轨电车也是1899年5月23日在永定门通车的。

和广安门相比，永定门算是时代的幸运儿，重建了城楼，且尽量做到了一比一、老工艺、原规格。永定门城楼复建于2004年，3月10日上午正式开工，8月19日下午4点城楼顶最后一块砖被砌上，大脊合龙，主体正式完工，12根金柱大木是从南非进口的铁力木，每根直径均不小于52厘米，长度不小于13.66米，光砖就用掉了290多万块，还用掉了2.3万张板瓦、9000张筒瓦和1150张勾头瓦，用的是油削割瓦，实则是灰陶瓦厂难寻，由琉璃瓦厂烧制削割瓦代替。当年拆除永定门时，正赶上修建三台山危险品仓库，老城砖就被拿去修了仓库的围墙，半个世纪后，这些老城砖又戏剧性地被运回来，重新砌到了永定门的城墙上。此时，距它消失的1958年已近半

庚子国变时期拍摄的天坛火车站

庚子国变时期拍摄的永定门西侧豁口

永定门西侧豁口城墙外侧，这是庚子国变时期临时开辟的火车道豁口

庚子国变时期拍摄的永定门西侧豁口城墙内侧

庚子国变时期拍摄的天坛车站的班房，墙上挂有九种语言的标牌，其中包括乌尔都语，因为英军中有大量来自印度的士兵

北京第一条有轨电车在永定门通车——由马家堡到永定门的铁路电气车

20 世纪 20 年代拍摄的永定门外北京城的爷们儿，他们的儿孙后辈也许都还在这京城安住呢

清末的永定门。1906 年荷兰公使希特斯拍摄

个世纪了，距它始建的 1553 年，也有 450 多年光景了。

永定门乃外城正门，始建于明嘉靖三十二年，初建时为灰筒瓦单檐歇山顶。它的始建，增修瓮城，增建箭楼，乃至改建提升，都与广安门同时期。而永定门因是北京城中轴线最南端的重要建筑标识，所以比广安门规制略高一格，从面阔和配匾都有体现。永定门与广安门一样，1951 年因改善交通而拆除瓮城，1958 年拆除了箭楼、城楼。

如今永定门不但复建了城楼，而且还留下了它的石额和木质斗匾。石额重见天日是在 2003 年 8 月 22 日，于地下“埋藏”十几年的永定门城楼石

永定门石额。图为首都博物馆提供

永定门木匾。图为首都博物馆提供

额，在先农坛古代建筑博物馆门口一棵古柏下出土，此时永定门复建工程也即将开工。匾额长 2 米，宽 0.78 米，厚 0.28 米，于 1962 年从大慧寺征集，一说于 1990 年前后征集自地坛公园，运来后扣在此古柏下，后被浮土掩盖，复建永定门时将其挖出。如今原物收藏在首都博物馆，复制品镶嵌于永定门城楼（首都博物馆门前丹陛石发现地点也在永定门一带，在永定门南侧发现）。关于此石额一直有一个流传甚广的说法，认为是明代石额，其实它很可能是 1915 年（一说 1913 年）之物，当时城门石额由满汉双文换汉文，请书法家邵章题写。如今，永定门石额和城楼清代木匾都藏于首都博物馆。

永定门外还留存有一处中轴重要古迹，那

就是老北京五镇之一的南方火镇——燕墩。燕墩俗称烟墩，在元朝始建时，仅为一座土台，很可能是一座烽火台，直到明嘉靖三十二年北京外城修筑时，才用砖包砌。另据图文资料，台顶还曾“缭以周垣”，类似如今钟楼垛口那样的形制，十分像一座烽火台。有观点认为这是和景山同步设置的紫禁城的风水景观——案山，景山则为靠山，景山居中为土镇，燕墩处南为火镇，前后照应。这么关键的台子，自然要有乾隆帝的到场：台上立有乾隆御制四方碑，碑座束腰部分雕刻二十四尊水神像，南刻《御制皇都篇》，所谓“槐市陆海无不藏，富乎盛矣日中央”；北刻《御制帝都篇》，所谓“我有嘉宾岁来集，无烦控御联欢情”，也是盛世的一种纪念吧。

永定门和正阳门之间，还有一座天子津梁，那就是大名鼎鼎的天桥。天桥跨于龙须沟之上，是中轴线和龙须沟的交会点。龙须沟是明永乐十八年

庚子国变时期的燕墩还有女儿墙

（1420 年）郊坛（天坛和先农坛）初建时做的排水沟渠，又称郊坛后河。西沟在先农坛北，连南下洼（又称野凫潭）；东沟在天坛北。如果说正阳桥是京城正门穹桥，那么天桥则可视为南郊津梁，应属于城南郊坛体系的一部分。

从古地图看，桥为单梁，中间路面为皇帝御用，是明清两代帝王前往天坛、先农坛祭祀的必经之路，天桥以此得名。桥两侧还有石板桥，方便车马通行。乾隆五十六年（1791 年）在天桥以南，天坛、先农坛之间，自北向南各开出河渠三道。为此乾隆御制《正阳桥疏渠记》四方碑立于天桥桥南东侧，又复制燕墩之皇都篇、帝都篇四方碑于西侧，并建重檐黄瓦碑亭。

嘉庆十八年（1813 年）九月林清之变后，钦天监说乾隆时疏浚天桥沟渠致使“水火相争”，才导致奇变。于是乎，嘉庆二十年（1815 年）二月，六道河渠被全部培填，城南之惬意胜景不再。道光元年（1821 年）九月，

民国早期从永定门拍摄的照片，图片右上角可见燕墩

两御碑亭因失修也被拆除。同治年间东碑移往东侧红庙（弘济院）保存至今，西碑则移往桥西斗姥宫，民国时再移至先农坛，幢顶、幢身、幢座拆散于地，新中国成立后被埋入地下。2004 年底，西碑在先农坛北坛门附近的京青食品厂院内重见天日，现立于首都博物馆门前。未来，两座碑有望重归原位。随着路政改革的实施，同其他通衢上的石桥一样，天桥也经历了改造乃至填埋的过程，1906 年（一说 1915 年）改为低拱，1927 年为电车通行而改平，1934 年因扩路拆除了石栏杆，现有部分基址还埋于路面以下。2013 年在原址南四十米处复建，同时复原两碑。

“酒旗戏鼓天桥市，多少游人不忆家。”光绪末年，天桥一带逐步形成了以娱乐、百货为主的平民市场。其中永安路以南，永定门内大街以西，北纬路以北的三角地是天桥最热闹的地界。1913 年拟对正阳门瓮城进行改建，围绕月墙的东西荷包巷商铺房屋“一律收用，迁移拆让”至“天桥西沟沿、龙须沟旁隙地”。正所谓“三教九流、五行八作、什样杂耍、百样吃食”，天桥八大怪等各种民间艺术迎合了底层市民的口味，形成了独有的风格，也就有了“天桥的把式——光说不练”的歇后语。与天桥遥相呼应的，是前门大街另一端的国门之桥——正阳门下的正阳桥。

正阳门下

1906 年重建后的正阳门全貌

提起前门楼子，哪个不知，谁人不晓？前门情思，是一直萦绕在老北京人心间的。前门楼子九丈九，关于它的故事，是讲不完的。那么，正阳门是不是有九丈九？国门是不是它？在它身上，发生过怎样的风云故事？

清人吴长元在《宸垣识略》中说："正阳外门设而不开，惟大驾由之。月城东西设二洞子门，为官民出入。观音大士庙在月城内之东边……关帝庙在月城内之西边。"寥寥数语，说出了正阳门在当时人心中的地位和印象，

复建完成后的正阳门。1906 年荷兰公使希特斯拍摄

正阳门箭楼平日不开，专供御驾出入，门前正阳桥中为御道，也是两端常设挡众木，而且唯有正阳门瓮城内有两座庙，其他内城门只有一座。也正如关帝庙“皇图巩固碑”（清代沈荃撰并书）所言，“京师盖天下首善之地，正阳门者，天子万乘出入之所必先也”，自然要高端配置。

正阳门是明清时北京内城正南门，内则“仰拱宸居”，也就是拱卫皇城，外则“隆示万邦”，显示天朝上国的风范。门前热闹非凡，一派国泰民安、繁荣昌盛的升平景象，正所谓“市廛栉比，允帝王都会，万方辐辏之基”（乾隆帝语），这便是大前门、正阳门，是为国门之首要，观瞻之所系。正阳门原称丽正门，因是京师正门，都取一个“正”字，元代为大都正南门，位于今长安街南侧，明永乐十七年（1419 年）十一月，在元大都基础

1866 年正阳门城楼。法国莫拉什（Morache）拍摄

上，北京城南城墙向南移出约八百米，丽正门移至现正阳门位置，仍称“丽正”。“丽正”一词取自《周易·离卦》：“日月丽乎天，百谷草木丽乎土，重明以丽乎正，乃化成天下。”说的还是家国天下。明正统元年（1436 年）修北京城垣，改丽正门为正阳门，取“圣主当阳”“日至中天”“万国瞻仰”之意，正呼应了大明“正统”年号。

正统四年（1439 年）四月，“修造京师门楼、城濠、桥闸完。正阳门正楼一，月城中、左、右楼各一。崇文、宣武、朝阳、阜成、东直、西直、安定、德胜八门各正楼一，月城楼一。各门外立牌楼，城四隅立角楼。又深其濠，两崖悉甃以砖石，九门旧有木桥，今悉撤之易以石”（《明实录·明英宗实录》）。至此城楼、箭楼及瓮城俱备，箭楼开有门洞，专供皇帝出行，为内城仅有，城

1866 年正阳门城楼、闸楼及箭楼东侧面。莫拉什拍摄

楼与箭楼之间为瓮城（月城），亦是唯一左右开闸门的瓮城，南北长 108 米，东西宽 88.65 米，为京师九门之首，是名副其实的国门。城楼为重檐歇山三滴水，面阔七间，楼阁式建筑，削割瓦绿剪边，檐下挂竖匾，为京师城门规制最高，可谓“宅中定位，气象巍峨，所以仰拱宸居，隆上都而示万国”（清袁世凯、陈璧《正阳门楼工程奏稿》）。而普通的内城其他城楼，也只是五开间，外城甚至只有灰筒瓦三开间，高仅一层的城楼。正阳门城楼巍峨壮丽，又雄踞高大的城台之上，产生了震撼人心的效果，既是视觉的，又是心理的，更是精神的。这是京师给远来者最直观的第一印象，是精心的布局，也是不言而喻的威严。这，便是国门应有的风范。

【国门之辨】

常有人说大清门（中华门）是“国门”，因为改朝换代时总要变更它的匾额，从大明门到大清门再到中华门。但问题来了，什么才是国门？国门到底是什么门？其实古人所说的“国门”，是指国都之门，此处“国”便是都城，最常见的例子是“匠人营国”，说的就是工匠营造都城，还有范仲淹《岳阳楼记》的“去国怀乡”，“去国”说的就是从京城流放出去。而且对来朝进贡的四夷朝使而言，凡进都城即为“入国”。所以国门便是国都之正门，京师之正门，明清的国门，那自然是北京内城的正南门——正阳门了。

有的人可能会问，那永定门不也是正南门吗？为何非得是内城正南门呢？因为“国”作为都城还有进一步限定，那就是郊以内才算“国”，所以国都的内城才是真正的“国”，内城正门才是国门。大的城市，尤其国都，一般都分城市和郊野。这类大城多有两重城墙，内城是“城”，外城则是“郭”，也叫内城外郭。内城和外郭之间是郊，郭之外那叫野，也叫鄙。狭义来说正阳门内是城，正阳门外、永定门内是南郊，所以有天坛先农坛的郊祀，永定门外便是乡野了。尤其在嘉靖十三年（1534 年）外城修建之前，正阳门那是毫无争议的都城正门，后来套上了南边的外城，也就泛泛说了，外城内城都是城，出了城就是郊野。

总之，正阳门以内，为国；永定门以内，正阳门以外，为郊；永定门以外，为野，所以正阳门是当之无愧的国门，所以庚子国变后两宫回銮，到永定门外专门下火车换乘轿子，而到了正阳门城楼前则下轿进庙拈香。值得一提的是，中国人民银行 1949 年 9 月 10 日发行的第一套 500 元人民币，正面也是正阳门的图案。

那么大清门又是什么呢？其实它是皇城正门天安门的前端之门，凸出为一个“丁”字结构，也叫皇城外郛。如果皇城也分城和郭，它所牵系的皇城墙就是郭，也就是郛，而且从形制看，这部分皇城墙的确低于一般皇城墙。明代《典仪》中，但凡说到“皇城四门”的时候，通常是指承天、东安、西安、北安四门；称皇城六门时，才包括大明门及长安门，宫城四门则指午门、东华、西华、玄武。清代改“大明门”为“大清门”，“承天门”为“天安门”以后，仍以天安门为皇城正门，大清门则称“皇城正南门”，也就是正门之南的门。

从规制来看，正阳门也格外崇隆。前门楼子九丈九，可以说它是四九城各门里的制高点，偶有名士登临，它便又成了像黄鹤楼、鹳雀楼这样极目眺远的所在。古人讲究有台有楼，正阳门是兼具的，而且全无军事堡垒的压迫感，反而呈现出展翅欲飞的轻灵巍峨。

1900 年刚刚被美军攻占的正阳门瓮城内。美国查尔斯·凯利（Charles killie）拍摄

1860 年之后，不时有外国人登上正阳门，俯拍内外，留下了不可多得的影像记录，可见并非不能登临，甚至还有人在城墙上遛弯儿，西可到西南角楼，东可至观象台，颇有城上公园之感。庚子国变之后，正阳门被美军占用了近二十年，除了堡垒和岗哨之外，真就摆上了长椅，种上了绿植，可俯瞰帝国京师的人间烟火。

当然，正阳门也遭过灾，临过难，有天灾，也有人祸。

1912 年 6 月 8 日—10 月 9 日期间拍摄的前门大街

【五次被毁】

作为国门的正阳门地近闹市，首当其冲，屡遭火焚，五毁五修。如今的城楼、箭楼是清光绪二十六年（1900 年）被焚毁后，于 1903 年至 1906 年重建的。正阳门城楼占地 3047 平方米，坐落在砖砌的城台之上，城楼加城台通高约 40 米，是京城城门中最高大的一座。正阳门为今日北京城内唯一城楼和箭楼俱全的，德胜门只留了箭楼，除此之外，再无城门留存。1915 年北洋政府为交通便利，拆除了正阳门瓮城，改造了箭楼，城楼两侧各开两券门，这样的格局维持了半个世纪。1965 年地铁开工，门两侧城墙被拆除，1971 年地铁修成后，正阳门城楼和箭楼分割成了两个部分，地铁北面是城楼，南面是箭楼。前三门大街从城楼和箭楼中间一穿而过，路面以下就是当年的瓮城内，整条大街基本就是压着城墙基址修的，而地面以下，则是地铁二号线，失去防守意义的城墙，就这样伴随着北京城的延展，而消失在历史深处。

正阳门五次被毁，也是很值得记上一笔的。第一次，明万历三十八年（1610 年）四月正阳门箭楼起火，大约是雷击所致，费银三万两修缮。第二次是明崇祯十七年（1644 年）四月二十九日，据说李自成大顺军撤离北京时，不但放火烧毁了正阳门和内城部分城楼，还烧毁了紫禁城的部分宫殿，清朝定都北京后方才修缮。但这说法存疑，李自成应该是匆忙撤离，所毁没有想象中那么严重。第三次是清乾隆四十五年（1780 年）五月，受正阳门外一处铺面房失火牵连，烧毁了正阳门箭楼和东、西两闸楼等设施，历时四个月修复，费银近七万两。第四次火毁发生在清道光二十九年（1849 年）十一月二十九日，当时经鸦片战争，国力维艰，银料难支，工部拆挪畅春园九经三事殿三丈六尺的大梁，费银近七万两，历时两年方才修复。第五次是庚子年被毁，1900 年 6 月 16 日义和团火烧大栅栏，结果

庚子国变中正阳门城楼被烧毁前最后的影像。1900 年 8 月 15 日—8 月 27 日期间拍摄

庚子国变中正阳门城楼被烧毁前最后的影像。1900 年 8 月 15 日—8 月 27 日期间拍摄

引燃箭楼。而正阳门城楼烧毁时间是1900年8月27日夜，起于英军中的印度通信兵在城楼内生火做饭，引燃墙内木料，暗火燃起后整个大楼火起。据目击者说起火的城楼如同一个巨大的火把，半边天都是红的，烧了整整一夜。后在1903年由袁世凯奉旨复建，三年完工。庚子国变时，正阳门不是被轻而易举占领的，虽然它的箭楼已经烧毁，但联军攻城时，守卫正阳门的清军劲旅——甘军将士，还是进行了殊死抵抗。当时英军在内应的引导下，从前门东侧水门进了东交民巷，正阳门守军腹背受敌。但眼前是一片焦土的前门大栅栏，身后是象征家国尊严的禁城坛庙，守的是天朝国门，甘军将士明白要怎么做，也知道等待他们的会是什么。美军接到的命令是占领皇城，则正阳门必须拿下。战斗持续到深夜，双方展开了拉锯战，正阳门几度易手，甘军将士的尸体堆满了登城马道，鲜血洇红了古老的砖石。至今，这些勇士的后人，还在传述英雄的故事。

燃烧一夜后的正阳门城楼内侧。1900年8月28日拍摄

庚子国变中被义和团烧毁的正阳门箭楼。正阳桥栏杆也有残损，说明这里发生过激烈战斗。图片来自小川一真 1901 年《北京城写真》

烧毁后的正阳门城楼

【正阳门重建】

1900年6月16日义和团火烧大栅栏，结果引燃箭楼。联军进城后，1900年8月27日夜，印度兵用火不慎，又烧掉了城楼。巧合的是，1915年，也是6月16日，开始改造正阳门，瓮城拆除，箭楼改造。而且，1903开始重建，是袁世凯负责，那时他是大清的直隶总督，1915年下令改造正阳门的，也是他，动工改造的时候他是民国大总统，完工的时候，他已经是洪宪皇帝了。

1903年重建正阳门时，却发现没有图纸，这和1889年祈年殿被雷火烧毁重建面临的是同一个问题，当时祈年殿着了一夜，京师震动，结果重修时竟然找不到图纸，翻遍《大清会典》，甚至翻了《大明会典》，也没找到，有名工匠以前参加过修缮，约略知道架构，这才重新搭建出来。所以恢复后的祈年殿"胖"了点。可正阳门年久不修，连这么个明白人都没有，而工部自经庚子国变，从前案卷又遗失无存，正阳门原建丈尺已无从稽考。所以只有按地盘广狭，酌量楼体高低，比照与之类似的崇文、宣武两门，酌量规划，折中办理。正阳门因为是国门，规制较高，城楼旧址面宽为十三丈零六寸，比崇文、宣武两门宽二丈有奇；箭楼旧址面宽十一丈八尺五寸，比宣武门箭楼宽了九尺。为何不提崇文门箭楼呢？因为它也在庚子国变中被轰塌了。最终，正阳门城楼定为自地平至正兽上皮高九丈九尺四寸，也就是从地面到最高点基本就是"九丈九"，箭楼七丈六尺七寸，1906年底修好，这也是"前门楼子九丈九"的由来。另外，新修的正阳门是金线小点金旋子彩画，正脊两端用望兽，九只走兽，没有仙人，抱头狮子打头，这是城楼的特点。其实正阳门城楼原本是七个走兽，重建后为了突出其地位，变成了九个，也算是一种升级了。

清末宣武门城楼。

宣武门和崇文门城楼，看似很像，实则宣武门城楼低，崇文门城楼高。据《正阳门楼工程奏稿》：“崇文门大楼（城楼）面宽十丈一尺五寸、高八丈二尺八寸，箭楼现尚未经修复；宣武门大楼（城楼）面宽十丈二尺二寸、高八丈二尺二寸，箭楼面宽十丈九尺五寸，高六丈八尺四寸二分。以上楼度尺寸，皆系自地平至正兽上皮止计算，城身均不在内。”也就是说，崇文门城楼比宣武门城楼高六寸，但却比宣武门窄了七寸，略微有点瘦高。为何会有这种情况呢？这跟当时工匠营城的路数有关。当时跟如今严格照图纸设计施工不同，大型建筑靠工匠的掌控能力，还受大木等具体材料的影响，在能够把握全局、建成巨构的情况下，最终落成后多少会有所偏差，所以即使当时就是按对称建的宣武门、崇文门，也还是会有细小差别

1906 年之前的崇文门城楼。图片来自 1906 年《清国胜景并风俗写真帖》

正阳门城楼修缮图样

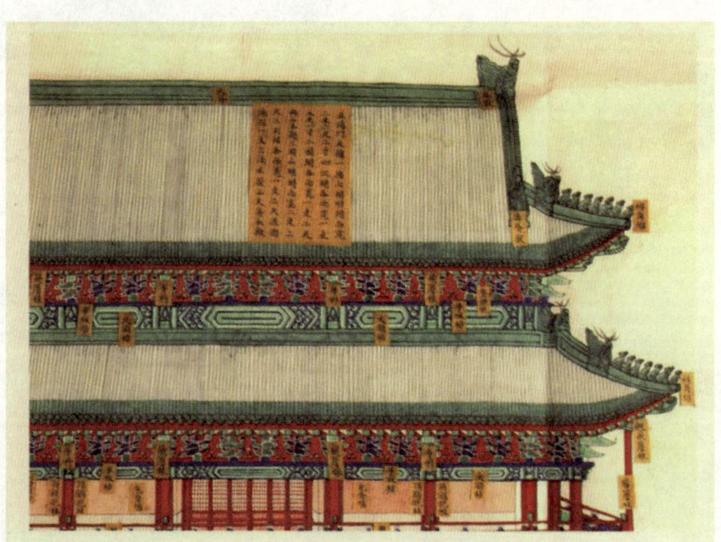

正阳门大楼立样图（局部）。图中可见正阳门城楼原本是七个走兽

正阳门城楼修缮中。高搭杉篙是架子工的绝活。1903—1906 年间拍摄

1906年正阳门城楼正在重建的收尾阶段，图中可见正阳门城楼重建后走兽变为九个。此前架子一度拆掉，未做彩绘，这次重新搭架子做彩绘。法国菲尔曼·拉里贝（Firmin Laribe）拍摄

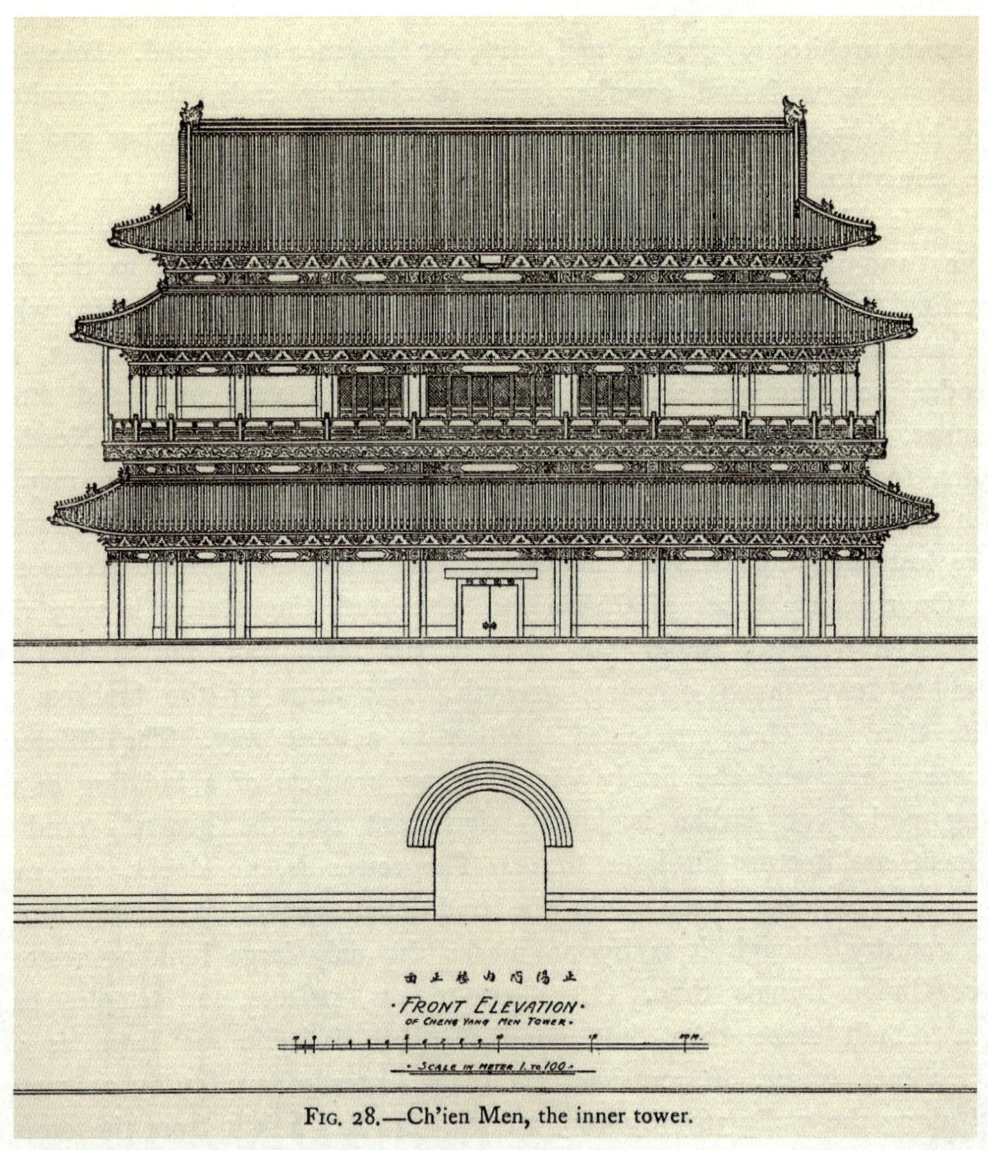

重建后的正阳门内楼正面手绘图。瑞典学者喜仁龙（Osvald Sirén）绘制

庚子国变被毁前的正阳门。门前摊位摆满，可谓车水马龙

1906 年重建后的正阳门。摊位消失了，飞檐上的走兽由七个变成了九个，柱子两侧也都增加了副柱

【正阳门改造】

1915年6月16日，改造工程正式兴工。朱启钤冒雨主持了开工典礼，手持袁世凯以总统名义颁发的特制银镐，刨下了箭楼改造第一块城砖。镐重三十余两，在五十厘米长的红木手柄上嵌有银箍，錾有“内务总长朱启钤奉大总统命令修改正阳门，爰于一九一五年六月十六日用此器拆去旧城第一砖，俾交通永便”字样。工程当年年底完工，12月29日，朱启钤奉命率同督修官、交通部次长麦信坚，外国工程司罗克格，京师警察总监吴炳湘等进行了验收。1915年12月12日袁世凯宣布恢复帝制，13日接受朝贺，12月29日派员验收正阳门工程，虽然此时袁世凯还未正式登基，但等《内务总长朱启钤奏奉派验收正阳门工程谨将查勘情形恭折具陈折》(1916年《政府公报》第13号）呈上时，已经是奏折了，行文格

朱启钤所用银镐，现藏于清华大学。茴香豆儿2020年拍摄

式还是前清那一套，袁和朱都曾前朝为官，倒也没觉得别扭。12 月 31 日袁世凯定“洪宪”年号，拟 1916 年元旦登基（后因变于 1916 年 3 月 22 日取消帝制，6 月 6 日袁世凯故去）。

这次改造，动作不可谓不大，主要是拆除瓮城，打通了东西通道，箭楼东西两面增筑悬空月台，箭窗及两侧墙面亦有水泥装饰，楼下砌磨光石梯东西各八十二级，衔接处展设平台，箭楼门窗安装玻璃。箭楼的改造是中西结合的最早范例，是在朱启钤主持下，当时的北京市政创立和创新的诸多努力之一，经历多个时代，至今基本保留原貌。

为疏通拥堵，正阳门两侧各开门洞两座，安装带滑轨钢门。新筑马路两条，从箭楼前端绕行，城楼和箭楼类似一个交通环岛，原瓮城内区域则是带十字甬道的街心花园，地图里称之为“正阳门前”。马路两侧人行道用唐山产缸砖铺砌，并新修暗沟八百多米，还修有从中华门到护城河大暗沟两条，宣泄积潦，使得正阳门一带面貌为之一变。

从新开城门到正阳桥安设水泥栏杆，棋盘街安放水泥方墩，“贯以铁练”，采购大小石狮三对分别放置于正阳门城楼前和箭楼东西石梯入口处，这些都是为了装点街心花园，故箭楼前未放置石狮。此时观音庙、关帝庙也已是花园一部分，同样髹饰彩画，焕然一新。据 1919 年《京都市政汇览》记载，全部费用“共计二十九万八千七百余元”，其中包括拆迁费“七万八千余元”，“由内务部拨发十二万三千七百余元，交通部拨发十七万四千九百余元”。其中“添修石栏、石狮、灯台、井座”，这些零碎一共花了“七百八十余元”，花费不多，因为有些就是从别处调用的，可谓老件新配，比如箭楼月台的石栏杆，望柱头带孔（也就是广为传说的“石别拉”），是太和门前金水桥部分望柱头的同款，很可能就是皇家的。1976 年，唐山大地震时正阳门箭楼受损，1977 年维修时，这些望柱、栏板及吐水兽就都被去掉了。

改造继承旧日传统，拆旧补新，物尽其用，拆下的旧料在中央公园（今中山公园）一息斋、绘影楼、春明馆、董事会等建筑物扩建时，派上了用场。改造工程共清运渣土八万八千立方米，京汉、京奉两铁路将道轨延伸到东西瓮城根下，挂上小火车头外运，西线倾倒于西便门一带，东线倾倒于东便门附近之蟠桃宫，垫平了铁路两侧洼地，展宽民用土地面积。这次改造，标志着北京的城市管理进入市政时代。庚子国变之后，虽然政府引入了警政制度，也新修了一些马路，但整体还未进入新阶段，德国工程师参与改造，且从国门着手，同时关注民生便利，这是相当有见识和胆略的谋划。

改造完成后的箭楼，中西合璧，当时引起了一定的争议

从图片左下角可见，正阳门西侧券洞正在开辟

改造工程完工后的城楼北侧，瓮城消失，城墙变成了道路

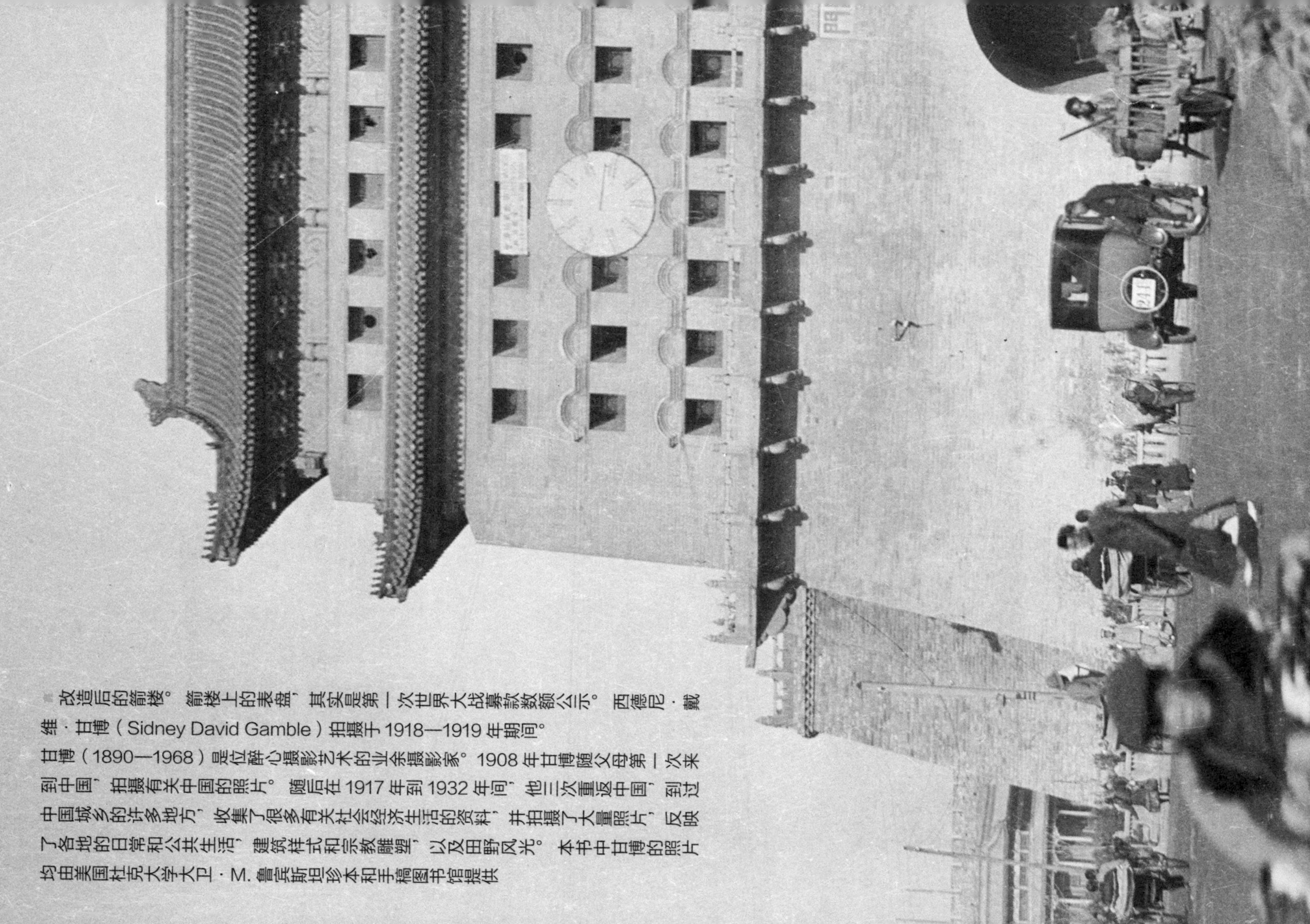

改造后的箭楼。箭楼上的表盘，其实是第一次世界大战募款数额公示。西德尼·戴维·甘博（Sidney David Gamble）拍摄于1918—1919年期间。甘博（1890—1968）是位醉心摄影艺术的业余摄影家。1908年甘博随父母第一次来到中国，拍摄有关中国的照片。随后在1917年到1932年间，他三次重返中国，到过中国城乡的许多地方，收集了很多有关社会经济生活的资料，并拍摄了大量照片，反映了各地的日常和公共生活，建筑样式和宗教雕塑，以及田野风光。本书中甘博的照片均由美国杜克大学大卫·M. 鲁宾斯坦珍本和手稿图书馆提供

改造完成后，原瓮城内成了一个街心花园

1916 年正阳门改造时，临时铺设了铁轨运送材料和渣土

1946 年航拍正阳门及中华门一带。美国《生活》杂志记者迪米特里 · 凯赛尔（Dmitri Kessel）拍摄

【正阳门石狮是“轮岗”来的】

如今，在正阳门城楼和箭楼前，各有一对石狮，其实都不是原装。它们是哪来的？

前文提到，1915年正阳门改造，正阳门城楼前采购放置了一对石狮。这对石狮于1976年到1977年之间，被搬到了箭楼前面，安放至今，如果您去探访，一定别忘了去做个现场对照。这对石狮是哪儿来的呢？据1915年11月29日《时报》报道，石狮是从朝内大街五爷府买来的，作价三千元，石厂运输安放工费三百五十元。当时安设在观音庙和关帝庙之间靠前位置，也就是如今马路中间。说实话，按当时的行市，这对石狮买贵了。果不其然，12月5日《时报》又载，其实不是“三千”，而是“一百五”，还八卦了包工头如何抬价耽误工期，这落差够大的。但奇怪的是，据说北海文津街老北图楼前的石狮也是朝内五爷府的，连运送路线都有，1931年4月20日国立北平图书馆给北平市工务局的公函有明确记录：“迳启者，鄙馆购定五爷府石狮一对，现在启运来馆，相应开列路线清单，函请贵局查照，转令沿途路警随时特予照料。”路线为：“由五爷府启运，走朝阳门大街、猪市大街、弓弦胡同、汉花园、马神庙、景山东大街、后门厂桥（过此处皇城墙豁口）、养蜂夹道。”（引自谢冬荣《漫谈文津街馆区内的文物》）这路线是有点绕，但不走更近的景山前街和金鳌玉蛛（繁体字为“蝀”）桥一线，应是考虑到团城和金鳌、玉蛛牌楼曲折难行吧。难道五爷府不止有一对石狮？除了府门前有一对，王府祠堂或者家庙门前可能也有。如果是这样，1915年正阳门改造从王府买的那一对石狮，更可能是家庙或者祠堂的，那时候王府还没败落到卖府门石狮的地步。但1931年就不同了，此时王府已经变卖殆尽，中路改了工厂，真就不好说了。

正阳门城楼前的五爷府石狮去了箭楼前，那如今城楼前那俩又是哪儿的？是大清门（中华门）前的。中华门于1959年拆除后，中华门的石狮还

1906 年正阳门城楼刚重建完成时门前并无石狮

民国初年正阳门城楼前增加了石狮

庚子国变时期拍摄的大清门东侧石狮

留在广场，很可能在草坪里“休养生息”，也有说法是安置在了正阳门城楼背面。1976 年这对石狮被挪到正阳门城楼前，而原来城楼下的那对，被挪到了箭楼下。为何如此安排？应该是考虑到了石狮的年代。大清门的石狮其实是大明门的，放在正阳门城楼前更合适，五爷府的石狮毕竟只是王府的石狮，还很可能不是府门前的，所以也就放到了箭楼前。如今永定门城楼前新做的那对石狮，也是仿的正阳门箭楼前这对五爷府石狮。

梁欣立《北京古狮》一书认为箭楼东西登城马道入口的那两对石狮分别是圆明园和功德寺的。据《清代档案史料——圆明园》记述，当时的确调用了功德寺的石狮，但圆明园的那对没按计划调用。也有说法是这两对小一点的石狮，是由天桥和先农坛拉来。原本还计划从天坛拉一对“望天犼”放到城楼和箭楼之间的绿地里，最终也不了了之。

庚子国变时期拍摄的大清门西侧石狮

大清门东侧石狮

如今大清门石狮在正阳门城楼前。李磊拍摄于 2017 年 5 月

改造后的正阳门箭楼，可见东西登城马道入口各有一对石狮

【正阳门关帝庙】

正阳门关帝庙位于正阳门瓮城内，明末清初孙承泽《春明梦余录》载："正阳门瓮城庙建于明初，蒲州杨太宰博每元旦入拜，先以名刺通之，曰乡晚生。"此处所指正是正阳门关帝庙。关帝庙背靠城台，同东侧观音庙两相对应，形制相当，占地仅一亩余，围以绿瓦红墙，山门一间绿瓦黄剪边，正殿关圣帝君殿三间，黄琉璃瓦歇山顶，后侧方有一重檐灰筒瓦碑亭，且为砖砌无梁殿式。据明代《帝京景物略》记载，明成祖朱棣曾在大漠行军时遇险，冥冥中见关公骑白马现身助阵。后来，朱棣又听说，北京有一白马，每日晨出，立于庭间，大汗淋漓，仿佛就是关公的那匹马，于是在京城各门瓮城里建了多座关帝庙。虽说除了北城墙安定门和德胜门，北京的七个城门里都有关帝庙，但正阳门的关帝塑像原为皇宫大内之物，后被明万历帝移到此地，足见大明王朝对此庙的重视。《日下旧闻考》引述《燕都游览志》

1902年拍摄的正阳门关帝庙。图片右侧的正阳门城楼只剩城台

正阳门关帝庙（左侧）和观音庙（右侧）。凯赛尔 1947 年拍摄

载："关帝庙在正阳门月城之右，每年五月十三日致祭。先十日，太常寺题遣本寺堂上官行礼。是日，民间赛会尤盛。凡国有大灾，则祭告之。"所以说国门之庙，还是有其不同凡响之处。关帝庙名气香火胜过观音庙，在六百年间都人气极盛，民间还流传着"灵签第一推关帝，更向前门洞里求"的说法。尤其清代，旗人素重关帝，光绪帝对此庙尤为重视，有六十四次赴庙拈香的记录。庚子国变后两宫回銮，慈禧太后和光绪帝专门下轿在此

拈香默祷。当时瓮城上站满了围观的洋人，还没恢复的城楼箭楼都拿彩牌楼临时装点，不知慈禧太后、光绪帝当时是怎样的心情。

1900年正阳门箭楼、城楼先后烧毁，两庙能幸存，不得不说是个奇迹。义和团火烧大栅栏都能把箭楼引燃了，火星飘过城头都能把东交民巷的铺面给烧了，正阳门城楼烧了一夜，最终轰然倒塌，正下方这两座庙却安然无恙，您说奇妙不奇妙？1915年正阳门改造，瓮城虽拆除但两庙保留，即使没了皇家的照护，香火依然不减，两庙在京城人的心目中还是那么灵验。1967年，正阳门关帝庙和其东的观音庙因地铁建设，一起被拆除，终结了它们自明初开始的守护国都之门的使命。

因为是正阳门的关帝庙，所以关于它的说法颇多。据1997年北京市档案馆所编《北京寺庙历史资料》记载，关帝庙内有“神像十四尊，画像一帧”，“神马一匹，青龙刀三柄”。据传此关帝庙有三绝，正是这“画像”“神马”“青龙刀”。又说关帝塑像原为皇宫大内所供奉，后万历皇帝敕谕移到此地，也是一绝。且有“二绝碑”——汉前将军关侯庙碑，碑文为万历朝翰林焦竑撰文、大书法家董其昌书丹、医学家王肯堂篆额，“庙有董太史书、焦太史所撰碑记，时称二绝”(《日下旧闻考》引述《燕都游览志》)。2008年6月，丰台区南苑乡的槐房村拆迁时，此碑及康熙二十年(1681年)六月“皇图巩固碑”被发现，还是当年老乡拉渣土运回村里的，今已被妥善建亭保存。

除了“二绝碑”，其他碑刻也颇有价值，可惜目前都看不到了。据《日下旧闻考》记载，正阳门关帝庙内“尚有四碑，一明万历癸丑张桥撰，耿志炜书。一万历丁丑赵端庭撰，白绍经书。其‘义圣忠王’四大字碑，则天启元年建也。礼部题定祀典碑，天启七年建也。今并存”。另外还有康熙十六年(1677年)御书“忠义”匾额。民国调查时，庙内共有碑十一座，如今只剩两座。

庚子国变后关帝庙修缮图样

关帝庙清末门额题“忠义神武灵佑仁勇威显护国保民关圣大帝”。但据《日下旧闻考》载：“庙中现存明万历间加封碑，作‘神威远振天尊’，门额又作‘远镇’，《燕都游览志》盖从门额也。”这是指明孙国敉《燕都游览志》中“万历末特加封三界伏魔大帝神威远镇天尊，旨由中出，未尝从词臣拟定也”一段，明清门额看来并不相同。《日下旧闻考》又引述明刘若愚《芜史》载：“掌道经厂太监林朝，神庙时最有宠，汉寿亭侯封号，实朝所奏请也。”

【正阳门观音庙】

位于正阳门瓮城东北角的观音大士庙，同关帝庙面貌基本相同，随墙门前有木影壁和香炉，一进，正殿三间，旗杆却高出城台。观音庙的旗子，写的是“和风甘雨”，供品饽饽用的是正明斋的。清初刘献廷在《广阳杂记》一书中记载：“北都正阳门西月城中有关壮缪庙，东月城有观音大士庙。其观音庙乃崇祯中敕建，以祀经略洪承畴，而配关壮缪者也，后知洪生降，改祠大士。”可知正阳门观音庙建于明初，到了明末，崇祯皇帝为纪念“殉国”的洪承畴，下令在此祭祀，结果洪承畴非但没死，反而降了清。

1892 年正阳门旧照，图片右下角可见观音庙

庚子国变后观音庙修缮图样

《北京寺庙历史资料》记载，观音大士庙有“不动产土地一亩余，佛殿及住房十三间”，庙内有“佛像十九尊，神像十九尊”，“有碑四座”。据《日下旧闻考》引述《五城寺院册》记载，观音庙“庙壁有明万历壬辰修筑都城碑记，兵部职方司郎中虞淳熙撰文”，还有乾隆九年（1744 年）刑部尚书、著名书家张照撰写的观音大士庙碑记：“京师正阳门瓮城内，自明代以来，东西建双庙。东祀观音大士，西祀后汉关侯……”

1947 年的正阳门观音庙。 凯赛尔拍摄

重建后的正阳门，图中可见观音庙。图片来自儿岛鹭麿 1909 年出版的《北清大观 》

【京奉铁路正阳门东车站】

京奉铁路正阳门东车站，也叫前门东站，自建成到停用一直是北京最大的火车站，位于天安门广场东南，正阳门以东。车站为欧式风格建筑，始建于清光绪二十七年（1901 年），由英国建筑师设计，车站新站房是 1909 年建成启用的。车站建成后成为京奉铁路的起点，见证了很多重要历史事件。孙中山进京，张勋入京，都是抵达这里。

1949 年至 1959 年间，前门东站的正式名称是北京站，1959 年新北京站建成后这里停止运行，一度被用作文化宫、科技馆、电讯市场等。2001 年，前门东站以“京奉铁路正阳门东车站旧址”之名被列为北京市文物保护单位。2005 年起前门东站渐渐改建为博物馆。2008 年，前门东站以北京铁路博物馆为名短暂开放。2010 年 10 月 23 日前门东站以“中国铁道博物馆正阳门馆”为名正式开馆，成为一座以中国铁路发展史为基本展陈内容的行业性综合博物馆。

前门东站其实经历过“乾坤大挪移”。车站原站房是在 1966 年 9 月和 1967 年 5 月之间拆除的（同期正阳门关帝庙和观音庙拆除）。在 1997 年开始的镜像修复工程中，钟楼没动，拱形大厅从钟楼北侧移建到了南侧，原有最北侧的小拱形被单独移建到最南侧。钟楼基本对着正阳门城楼和箭楼间的中心点，位置没动，原来拱形大厅所在的位置成了前门东大街。车站的东面和南面都相应做了改动。在镜像修复工程之前，钟楼曾在 1976 年唐山大地震后残缺了几年。

20 世纪三四十年代拍摄的前门东站

20 世纪 30 年代拍摄的前门东站，图中方框圈住的，是后来在镜像修复工程中，改到钟楼南侧的部分

北平时期的前门东站及正阳门城楼上色老照片

1946 年在前门箭楼俯拍的前门东站。凯赛尔拍摄

【国门之桥：正阳桥】

前面提到天桥，和天桥遥相呼应的，就是正阳桥。正阳桥为正阳门前护城河之穹桥，是座三券石拱桥，乃是国门之桥，位置显要，如嘉庆帝所言："正阳桥护城河水，周流环绕……合之正阳门、永定门南北方位，正协水火既济之义。"（《清实录·清仁宗实录》）桥前有正阳桥牌楼，俗称五牌

庚子国变后的正阳桥

楼。桥对正阳门外大街，俗称前门大街，有石道直达天桥。“大街石道之旁，搭盖棚房为肆，其来久矣，今仍之”（清吴长元《宸垣识略》），以至于由一条大街最终形成了三条买卖街，是京城最繁华的所在。

明正统四年，正阳桥由木桥改石桥，三拱三梁，中为御道。1919 年正阳桥改建，桥身加宽 9 米，桥拱降与路平。此前已于 1914 年前后撤去内侧石栏杆，新桥两侧又做水泥罗汉栏板，四角立铁制灯柱。1922 年彻底改平，古桥拱仍保留。20 世纪 50 年代中，拆去条石改铺沥青，1966 年左右，正阳桥消失于地面之下，70 年代护城河也改为暗河。

1992 年 3 月，修建正阳门南侧地下人行通道时，施工人员挖出了正阳桥地下遗存，在正阳桥东南，挖出了一只镇水兽，后原地掩埋保存，镇水兽外用水泥修成保护壳。2021 年 8 月 27 日至 9 月 17 日，为了解正阳桥的位置与形制，对正阳桥遗址进行考古发掘，时隔近十年，此镇水兽重见天日。这具镇水兽，宽 1.4 米，高 0.48 米，用泥岩雕成，俯卧在雁翅石条上，头朝东南，尾向西北，俯视水面。它埋于地下时，距地表 2.5 米，体长则是 3 米，也就是说，在它伏于街市之下的那些年，如果它想立起身子探探头，还是能够露出脑袋看看周围的一切的。

其实镇水兽早已安睡地下百年有余了，咸丰元年（1851 年）清宗室载铨所编《金吾事例》载正阳门外沿河铺户侵占护城河事，正阳桥被“侵过石栏杆六七段有余”，证明当年镇水兽已被渣土掩埋，其上又盖上商铺，此后的老照片中，也从未见到镇水兽的踪影。不久的将来，也许会见证正阳桥遗存的出土，甚至看到其他三只镇水兽的神秘踪影。

1902 年的正阳桥

1919 年正阳桥正在改造

1946 年在正阳门箭楼上俯拍前门大街，可见五牌楼和远处永定门

【正阳门的三口井】

正阳门城楼北，棋盘街前原有对称两座官厅，两座官厅南各有一口井，这两口井乃是著名的龙眼井。民国五年（1916 年）地图上只标了这两口井，但实际上，在正阳门城楼、箭楼之间靠东，还有一口井，也是同样配置，都是南北有台阶，都是水泥栏杆铁吊环。水泥栏杆跟周边绿地和棋盘街等的栏杆同款，栏杆形制和铁艺透着北洋风，与新华门前花墙都是同时期的。那么对应的西边位置有没有呢？目前没有地图或照片证明。所以说，在正阳门城楼的东北、西北和东南各有一口井。

那么这些水井有什么功能呢？民国时应是泼街水井，当时没有洒水车，靠的是大勺子泼水，老照片中可见当年打水的情景。

民国时期拍摄，人们在正阳门城楼西北方的那口龙眼井里打水。画面最左边可见的牌楼是振武牌楼，最右边依稀可见的门洞是大清门的门洞

民国时期拍摄，正阳门城楼西北方的那口龙眼井

1918 年前后拍摄，左下方可见正阳门城楼东北方的那口龙眼井

民国早期的正阳门城楼西北方龙眼井的特写。远处背景是大陆银行北京分行

正阳门城楼东南方的那口井。图片来自怀特兄弟 1927 年出版的《燕京胜迹》

【百年前的“钉子户”】

一百年前美国人就是“钉子户”，正阳门修条路要了北洋政府四十万现大洋，道路的确是坎坷的。

乾隆朝正阳门是封闭式的，因为它的设计其实就是阻滞和拦护——天子守国门，得有固若金汤的城池。庚子国变之后东边貂皮巷和巾帽胡同的地界，开始建美国使馆和兵营，原有的道本来就窄，城门底下的民房又被占去，所以走起来相当费劲。后来有了东西两个火车站，前面是前门大街，里面是东交民巷，拥堵在所难免。

1915 年，时任总统的袁世凯和内务总长朱启钤决意改造，6 月起干了半年，总统成了皇帝，正阳门也整个变了个模样。

这一次，重要的一步，就是在城楼两侧分别开了两个门洞，新做了一套交通系统。这就涉及了拆迁，当然也有坐地起价的“钉子户”。这“钉子户”来头不小，是美国使馆和兵营。因为城楼东边这条路需要占用美国兵营操场的一部分，别看是空地，美国佬一口气要了四十万大洋，这在当时是个大数目。王述唐老人在《东交民巷旧貌》中回忆：“民国二年，因辟改前门，扩充左右二门，经外交部向美使要求，让操场一部分，再三交涉，给迁移费四十万，始让五尺。至今仍东窄西广。”

这“钉子户”，还曾长期占据正阳门城楼，从 1900 年庚子国变时开始占领，一直到 1919 年，经反复交涉后才交还北洋政府。

1902 年前后，棋盘街东侧原有民房店铺已经围成美国兵营地界

庚子国变后，棋盘街东侧原有民房店铺已经围成美国兵营地界，城市面貌在历史巨变后也发生了变迁

1913 年隆裕太后葬礼时期的棋盘街东侧，可见户部街石道。此时大清门前东部的棋盘街实际已经不复存在

【御河桥】

中轴线上除了有城门，还有配套的水门，正阳门东侧就有一处著名的水门，称作正阳门东水关。这道水门之内，便是曾经的御河，共有三座御河桥横跨其上。今天人们徜徉在正义路街心花园时，绝想不到他们是在七百年御河上行走，唯有两侧保留的老树和古建，还在提示着那些一去不回的古老时光。

御河亦称玉河。玉河是通惠河的一部分，起自积水潭，止于元大都南水门，长约八里，因这段河道位于大都城内且紧邻东皇城根，故也称为“御河”。

庚子国变后拍摄的御河。此时御河还未改造

自明代起，北京城内的御河不再具有漕运功能，而是成了内城北中部的排水主干渠，两岸多建楼台亭榭、茶馆酒肆。据《明实录·明宣宗实录》记载，明宣德七年（1432年），“上以东安门外缘河居人，逼近黄墙，喧嚣之声，彻于大内，命行在工部改筑黄墙于河东”，御河遂被圈入皇城之内。由此可见当年沿河十分繁华，市井闹声都能扰了深居大内的皇帝的清幽，哪怕大费周章地搬迁腾退、新建皇城东墙，也要整治一番，换得长久的清净。

明初的御河，从东不压桥处流入皇城北墙开始，东拐至北河沿北端就一路笔直向南，穿正阳门东水关，入于护城河。明永乐十八年北京城南垣向南推移近二里，南城垣的御河出水口亦相应向南推移，元代八里长的御河在明代延长至十里，延长段便基本是正义路下的这段御河。这段御河上从北向南有石桥三座，皆为东西向，北御河桥在东长安街，中御河桥横向连通东交民巷，南御河桥则靠近内城南墙。明代御河全线曾有十座石桥，从北向南，东不压桥、东板桥、骑河楼桥、鞍子桥、北平桥、望恩桥、南平桥皇城内七座，再加这三座御河桥。事实上，御河上的桥只有这三座以“御河桥”命名。

皇城内那段御河，由于原有皇城墙并未拆除，所以就被封闭在两道大墙之间。那是一道八十余米宽的狭长空间，河上大部分石桥都失去了元代的通行功能，于是明代干脆在其上营造楼亭，在河两侧营造殿轩亭榭，形成了别致的园林景观。最南一座为骑马楼，又称澄辉阁，位于今金水河菖蒲河段，跨在皇史宬南的牛郎桥上。其北是吕梁洪，元代是通明桥，即光禄寺酒坊桥，也就是清代的鞍子桥，由一桥三亭构成，中为桥亭，两侧分别为漾金左亭和右亭。最北一处桥亭在今骑河楼街东头，这条街很可能正对元代宫城东门东华门，明代桥亭名为涵碧亭。皇城内这段御河又被东安门内的望恩桥分为南北两段，桥南成为南内重华宫的附属园林，桥北则与内官机构和宫监居处相近，逐渐成为各监后园。到了民国，这段御河开始逐段

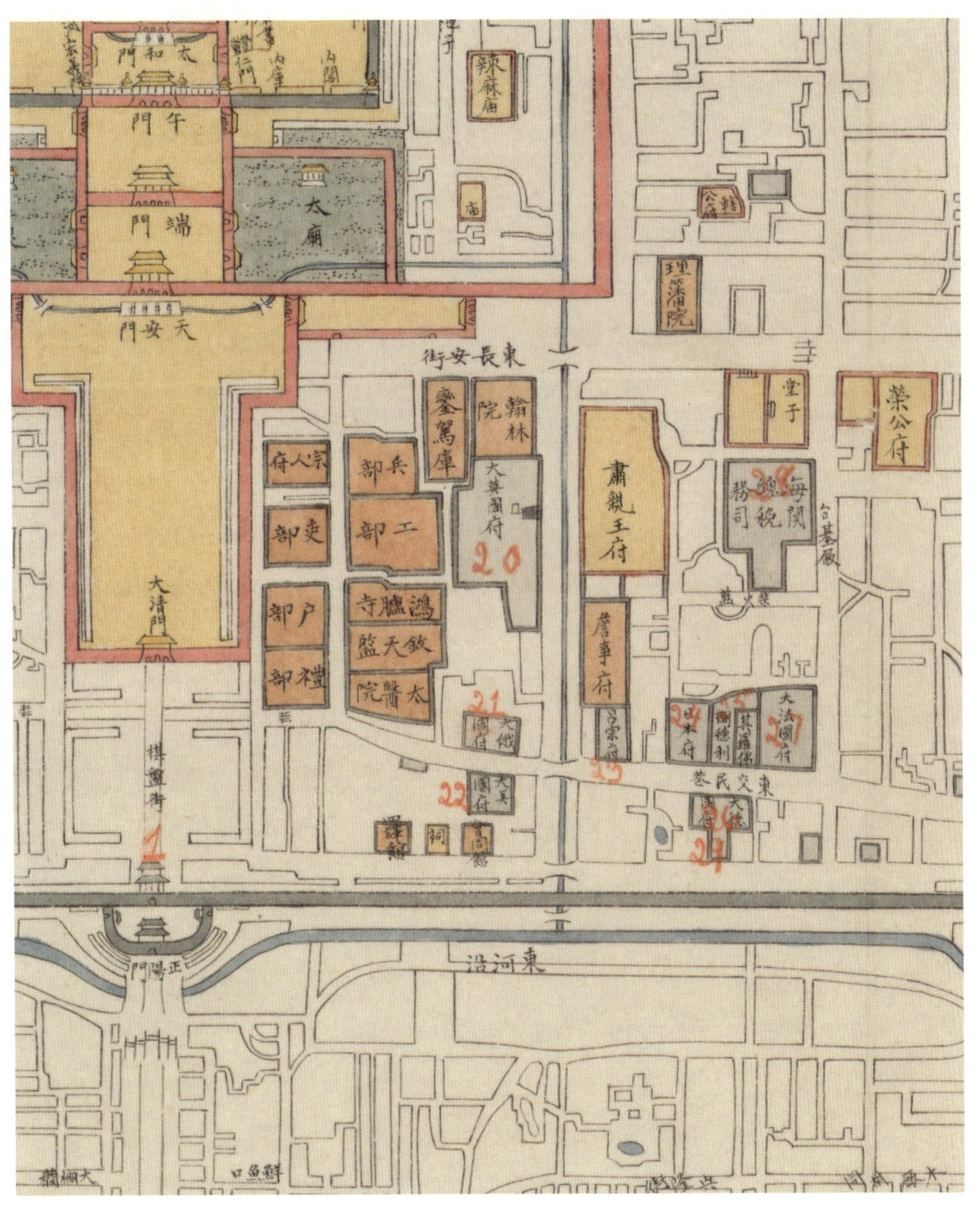

1865 年北京地里（理）全图里的御河桥

被改为暗河，在英国人为主导的“使馆界”市政改造中，1924 年后自南向北，分段改为暗沟（1924 年使馆区地图里，中御河桥南面的河段已经改为暗河），路中间辟为绿化带，仍以原先的东西河沿为道路。望恩桥以南的皇城御河，于 1931 年被埋入地下，改为暗河；望恩桥以北到万宁桥那段，则是在新中国成立后改为暗河。

随着河道的改造，三座御河桥也随之变迁。1924 年，京城刚通有轨电车，此时北御河桥早已被改为平桥，其地即设有“御河桥”一站。北御河桥以北的南河沿于 1931 年改为暗沟后，将北御河桥拆除，从此只存站名。

中御河桥位于今正义路与东交民巷交叉路口处，此处地面明显比别处高起。此桥其实就埋在路面以下。明正统六年（1441 年），朝廷在桥西北侧建了会同馆，称“会同南馆”，后来清代逐渐发展为“俄罗斯馆”，是在东交民巷一带最早设置的外事机构，可视为东交民巷最终成为使馆区的历史渊源。

南御河桥位于北京内城南垣内侧城墙根，即今正义路南口，桥南侧紧邻正阳门东水关。这道水关类似驮桥，配有铁棂栅栏，城外还有便桥。水关地面及两侧墙壁用青石铺砌，顶部用砖起券。如今天坛内坛墙还有类似遗迹，可资观摩。1900 年 8 月 14 日，因为得了使馆区送来的情报，英军里的印度兵偷偷从正阳门东水关钻入了使馆区，部分美军也随之进入。1905 年使馆区将正阳门东水关改为城墙门洞，以便利去往前门东站，并命名为“水关门”，镶嵌英文“WATER GATE”匾。门内就是六国饭店、正金银行等服务设施，路途比走正阳门近了不少，且不受正阳门城门在夜间关闭的影响。

为方便交通，在中御河桥以北，英国使馆大门前略北位置，曾新建一座两墩铁制平桥，桥两端设铸铁护柱和护链，此平桥成为三座御河桥之外的第四桥。它的南侧在庚子国变中曾有过一条防弹通道，当时肃王府战斗激烈，

1898 年北御河桥旧照

庚子国变后，站在御河南口的城墙上向北拍摄，可见中御河桥

1908 年拍摄的东交民巷水门外侧

英军从肃王府向英使馆撤退时，在河道内修了一道用砖石临时垒砌的东西通道，这应该是后来修造铁桥的缘起。在桥西头对着英使馆大门位置，还有一座方尖碑，刻着庚子国变爆发到使馆区解围的时间，附近还有一座纪念死亡英人的石碑。日本投降后，1945 年 11 月 24 日，国民党政府行政院公布《接收租界及北平使馆界办法》，并成立租界及使馆界官有资产及官有债务清理委员会，从 1946 年 7 月到 1947 年 12 月清理完毕，这两座石碑一并移置馆内。在英使馆围墙的东北角，弹痕累累的北墙外侧面上，也刷写着纪念文字“LEST WE FORGET”（永志不忘），这在当年还是外国人的一个“打卡地”，新中国成立后去除。1945 年抗日战争胜利后，政府分别将原御河东西两侧河沿的明治路和英国路分别改名为兴国路和正义路，1949 年新中国成立后统一命名为正义路。

一些大型建筑群也分布在御河两侧。在中御河桥以北、北御河桥以南，河西是翰林院和淳亲王府。翰林院东侧曾有明代留下的沿河垂柳古树，南侧的淳王府又称为梁公府，1860 年后被英国租占为使馆。1860 年英法联军占领北京，英使额尔金先是占了朝阳门内怡亲王府，也就是后来的九爷府（孚郡王府），并打算在府中空地搞自建房，意在折辱强硬的怡亲王，朝廷当然不同意。其间法国又提出租御河东岸的肃王府（一说英国提出），同是铁帽子王府，清廷再度拒绝。英国又要求租梁公府，恭亲王照会额尔金，同意租为英使馆，但英国人每年得支付一千两银子作为租金，按年支付，前

英使馆外墙上的题字

成为英使馆后的淳王府宫门等建筑

两年的租金作为修缮费用。此时府主镇国公奕梁在宁夏将军任内，只好举家搬到东直门内王大人胡同居住。转眼到了 1861 年 3 月，英国首任驻华公使普鲁斯来到了北京，正式进驻使馆。庚子国变后，英国使馆又扩并了北侧的翰林院和西北侧的銮驾库，得寸进尺。

现如今，淳亲王府中路建筑大部保留。使馆时期，第一进的府门逐步打通，最终拆成亭子，第二进的大殿也改成敞厅，第三进的后寝门和第四进的神殿之间加了竖廊。看不同年代航拍，第五进是有后罩楼的，如今无存。

使馆部分西式建筑有平移，西边学生楼向东向南平移了。王府神殿西侧领事楼，及其北面的那座东西有四方锥碉楼的助理领事楼已无存，神殿北边的西洋建筑也已拆除。但无论如何，这座王府最终保留了下来，除了后罩楼，主要建筑都在，连石狮都在。英使馆临街大门的两扇带门钉的木门，可能就是原来王府东阿斯门上的，甚至可能就是府门上的。这同肃王府隔河并立的府邸，就这样奇迹般地经历了一次次劫难，留存至今了，虽有改建，但旧貌仍存。不过这王府格局比较局促，反而更像一座郡王府，而且建成年代有疑点。《北京名胜古迹词典》认为此府应是康熙第七子允祐封淳郡王后建成，封郡王是在康熙四十八年（1709 年），但乾隆十五年（1750 年）绘制的《乾隆京城全图》里，翰林院南边还是一个空地，只有带八字照壁的东向街门一座。冯其利先生认为此府是为允祐第六子淳郡王弘暻所建，允祐是过继给纯亲王为嗣，所以其王府不在此处。此处王府应是淳郡王时期建成，同九爷府相比规模较小，后寝殿不是七间而是五间，带耳房各三间。在王府建筑群里，中西结合的原英使馆武官楼旧存融于其中，灰筒瓦歇山顶，红色砖木结构，拱券窗装饰，希腊爱奥尼式柱头，在大槐树的掩映之下，也别有一种韵味。

御河东岸与淳王府相对的，是铁帽子肃亲王府，自清初即在此处建府。所谓“豫王府墙，礼王府房，肃王府银子用斗量”，这些都是早期的铁帽子王府，树大根深，可谓与大清朝共始终，只是肃王府比大清朝早终结了十几年。庚子国变时，先是 1900 年 6 月 24 日夜，教民逃进肃王府躲避，肃亲王仓促让出王府，此处遂成为“前线”。6 月 30 日，洋人还将王府银库内银两运往英使馆，只是不知后来是否还给肃王爷了。7 月 11 日，大殿被战火烧毁，7 月 16 日王府大部被义和团和清军攻下。肃王府建筑规模宏大，且自有特点，其大殿月台上有白玉栏杆，这在王府中并不多见。王府虽在战火中遭灭顶之灾，但还有不同时期建筑保留。王府时期、日本使馆和兵营

庚子国变中毁于战火的肃王府

时期、市府时期的建筑，层层叠叠。

肃王府南是詹事府衙门。庚子国变时，肃王府成了教民的“避难所”，这衙门成了使馆区卫队的“战地医院”。庚子国变以后，肃王府成了日本兵营和使馆，以及意大利兵营的一部分，詹事府成了日本使馆武官处。詹事府南原为天泰油盐店、晋豫恒干果铺，于这两处店铺的位置，1910 年盖了正金银行（今为中国法院博物馆）。银行建成时，东边则是位于东交民巷路北的西班牙使馆。正金银行的设计师是日本建筑师妻木赖黄（也有一种说法，说设计者是妻木赖黄的下属森川范一和松井三吾），风格上融合了荷兰古典主义风格，外立面是红色砖块与白色石材交替使用，转角还有一座塔楼，整座建筑造型风格坚固、严整而又活泼，如今是这片地区的地标建筑。

中御河桥东南，正金银行南侧，西临御河，北临东交民巷，便是鼎鼎大名的“六国饭店”。关于这座饭店，误传很多，从建成年代到改建时间，包括其名称变迁，多有舛误，尤其是所谓 20 世纪 80 年代烧毁后重建为华风宾馆的说法更是四处流传。饭店于 1903 年建成开业，正式名字是“Grand Hotel des Wagons-Lits（Peking）”（音译为“北京瓦贡里大饭店”），是由“瓦贡里”公司（Compagnie Internationale des Wagons-Lits）建立的。该公司成立于 1872 年，是东方快车的运营商，也经营高端旅游酒店，当时的瓦贡里大饭店就类似满铁经营的大和旅馆。饭店由德国前公使克林德的夫人阿克法用清廷和德国两份厚重的抚恤金及个人积蓄作为本钱修建，位于德国邮局北侧，阿克法担任经理。之所以如此投资，是因为这位德国公使的妻子，是美国底特律铁路大王的千金。1905 年饭店易手，多国投资，遂改名为“六国饭店”，并启动改建、扩建，于 1908 年在原来“山”字形的老饭店楼前（西侧），拆楼前山花装饰部分和围栏，加盖成长方形孟莎式屋顶样式两层新楼，“山”字形楼体作为后楼未动。从老照片看，1912 年西侧已加盖为四层楼，大约 1925 年至 1926 年东侧老楼加盖成四层楼，也有说 1920 年老楼已经改为四层。20 世纪 40 年代六国饭店改名为国际饭店，1953 年至 1954 年在南侧平房和原来德国邮局地界增盖新楼（即现存华风宾馆建筑），大约 1957 年后不再对外开放，属于外交部管理。1988 年 8 月 5 日，饭店老楼烧毁，后被拆除，取而代之的是一栋板式高层住宅楼，“六国饭店”从此成为历史。

饭店对面，河西侧，是美使馆曾经进驻的三官庙，三间封火式山门，额题“护国三官庙”。庙为两进院，有大殿及后楼，山门内靠东立大幡杆，大

六国饭店旧影

殿前有石碑一座。大殿内被美国公使布置为接待厅，官式彩绘满布，陈设布置是中西糅合的风格，让人印象深刻。沿河还有一座小庙，曾被用作美军的防守阵地，庚子国变后拆除，成为西河沿道路的一部分。三官庙西北侧，也曾是美国使馆所在，庚子国变后不再使用，正阳门东侧的美国使馆和兵营是庚子国变后的新址，同时三官庙也一直在使用。三官庙在东交民巷

御河西岸的三官庙为美国使馆租用

南侧，俄国使馆则在东交民巷北侧，再北就是英使馆了。俄国人在东交民巷设馆比较早，康熙三十三年（1694 年），清廷为方便来华经商的俄罗斯商人，特准许他们在东交民巷（当时叫“东江米巷”）内修建俄罗斯馆。雍正十年（1732 年），俄罗斯教士获得清廷恩许，在东交民巷会同南馆旧址里修建了东正教堂（奉献节教堂），俄传教士获准长期居留。此外，俄罗斯使团的官员和经商人员也经常在此居住，故有“俄罗斯馆”的称谓。1861 年 7 月 8 日，俄罗斯比照英、法两国，将原“俄罗斯馆”改建，在北京东交民巷内正式设立俄国使馆。1901 年，《辛丑条约》签订后，整个东交民巷地区成为独立的使馆区，俄国使馆借机扩张，兼并了原使馆附近的太医院、钦天监，以及兵部和工部的一部分，新使馆面积扩大到约一百亩，并在原使馆西侧修建了俄国兵营。如今这里还有一处“苏联豁子”的石刻路牌。

这些就是御河桥附近的主要建筑，如今东交民巷使馆区建筑群已经成为全国重点文物保护单位，不时有游人探访。带有街心花园的正义路，及两侧的旧日建筑，无声地诉说着北京城风云变幻的厚重历史。至于未来是否会让御河重见天日，我们可以拭目以待。

1935 年，从中御河桥上拍摄正金银行（左）和六国饭店（右）

皇城烟云·天安门史话

“皇城……有天安、东安、西安、地安四门，又天安门外东、西、南三面围墙四百七十一丈三尺六寸，正南榜曰大清门。东为长安左门，西为长安右门，重建于乾隆十九年至二十五年。工竣，又增筑长安左门外围墙一百五十五丈，长安右门外围墙一百六十七丈五尺一寸，各设三座门。”

——《国朝宫史·卷十一》

庚子国变时期的天安门。弹痕累累，说明经历过激烈的战斗。图片来自小川一真 1901 年《北京城写真》

庚子国变时期的天安门。这张照片比上一页的照片拍摄更早，可以看出此时门窗基本完整，而上一张照片拍摄时，门窗已经被联军拆掉当柴火了

民国初年的天安门。这是每年举行重要庆典和集会之地，北洋政府对这个“脸面”进行了修整

庚子国变时期天安门背面。斑驳的墙面说明了年久失修，显示了大清朝的垂暮气象

1918—1919 年期间的天安门。此时天安门前曾经的御道旁种上了行道树，但后来没有存留。甘博拍摄

【天安门】

天安门位于皇城南垣正中，为皇城正南门。始建于明永乐十五年（1417 年），沿用南京“承天门”之形制与名称，取“承天启运”“受命于天”之意，“顺治八年重建，改今名”（《日下旧闻考》）。据 1982 年新发现的天安门匾额上的字痕，清初曾用篆书写“天安之门”，同时有满蒙文字，从右至左满蒙汉文分列，后又改为楷书“天安门”，右侧有满文，1915 年末又去满文，将汉文铜字移至匾额中间。

天安门前外金水桥，远处可见天安门东的长安左门。甘博 1918—1919 年期间拍摄

天安门有城楼和城台，原高 33.7 米，1969 年重修后为 34.7 米。城楼面阔九间，进深五间，“彤扉三十有六”，重檐歇山顶，黄琉璃瓦，垂兽九种。城台辟五门，中门为御路，左右为王公门，外侧左右券门为官员门。前有外金水河，跨七座汉白玉石桥，中间五座为金水桥，外侧两座分对太庙和社稷坛，为公生桥。中间一座为专供皇帝出行的御桥，两旁是王公桥，再两旁是三品及以上官员通行的品级桥，四品及以下走公生桥。天安门前石狮、华表，各有两对，两对石狮各在门前和桥前，而两对华表则各在桥前和门后，其上望天犼皆背对城楼，是为守望，所以很可能金水桥前的石狮是桥狮子，门前那对才是守门狮子。门前的两对石狮和一对华表原本在中间三桥的两侧，1950 年国庆前拓宽长安街时挪了位置，挪到了五桥两侧。

天安门曾在 1900 年八国联军入侵北京时遭美军和法军炮轰。1952 年

庚子国变时期，从天安门南望大清门。查尔斯 · 凯利拍摄

修缮天安门城楼时，在西侧梁上发现三颗炮弹，于是人们通常认为门前西侧华表的修补是缘于此。不过笔者认为这是不成立的，因为在 1860 年旧照里，已经是这样了。1969 年、1984 年及 1999 年都曾对天安门城楼进行过大规模整修。

天安门在明清两代是“金凤颁诏”之地，奉诏官在城楼宣诏后，以朵云盘承接诏书，再由木雕金凤衔在口中，徐徐而下，最后一次是 1912 年 2 月 12 日，宣统帝颁布退位诏书，意味着帝制的结束。1913 年 10 月 10 日，袁世凯正式就任大总统，随即在天安门举行了阅兵仪式。北洋时期，每年国庆都在天安门举行庆典，中间门洞上方交叉两面五色旗（当时的国旗），城楼中间各挂陆军铁血十八星旗和海军青天白日旗。

天安门前红墙包围的区域，在传统意义上是“皇城之外郛”，相当于天安门前庭或瓮城，具有防御和礼制的功能，也可以称为宫廷广场。民国十四年（1925 年）10 月 10 日，故宫博物院成立，天安门开始对民众开放，广场也成为公共空间，演化成现代意义上的城市广场。

1949 年 10 月 1 日，开国大典在天安门广场举行，天安门从此成为新中国的象征。此时城楼两侧修了观礼台，1950 年是简易版，同石狮、华表挪移同步，在门前石狮的外侧。1954 年观礼台改砖混结构，1959 年又在两侧增建了两座，公生桥就位于两观礼台之间。1954 年观礼台是根据张开济先生设计图建设，然后经历了双红台—四红台—前面加灰台—撤灰台—两翼另外加建小红台等历程，逐步拓展成了目前内 14 区外 10 区的样子。张先生的思路是不喧宾夺主，不妨碍疏散，尽量让人注意不到它的存在，这是一种堪称经典的设计，并得到了人们持久的赞誉。

▲ 年久失修的天安门。费利斯 · 比托（Felice Beato）拍摄于 1860 年。
比托是 19 世纪著名的战地摄影记者，也是最早拍摄东亚地区的摄影师之一。1860 年，他随军拍摄了中国与英法联军的第二次鸦片战争，留下了大量弥足珍贵的照片

天安门西侧华表和石狮

天安门东侧华表和石狮。甘博 1918—1919 年期间拍摄

1926 年天安门挂有“京师救济联合会”标语，这是京城一个首要的公共场地。图片来自怀特兄弟 1927 年出版的《燕京胜迹》

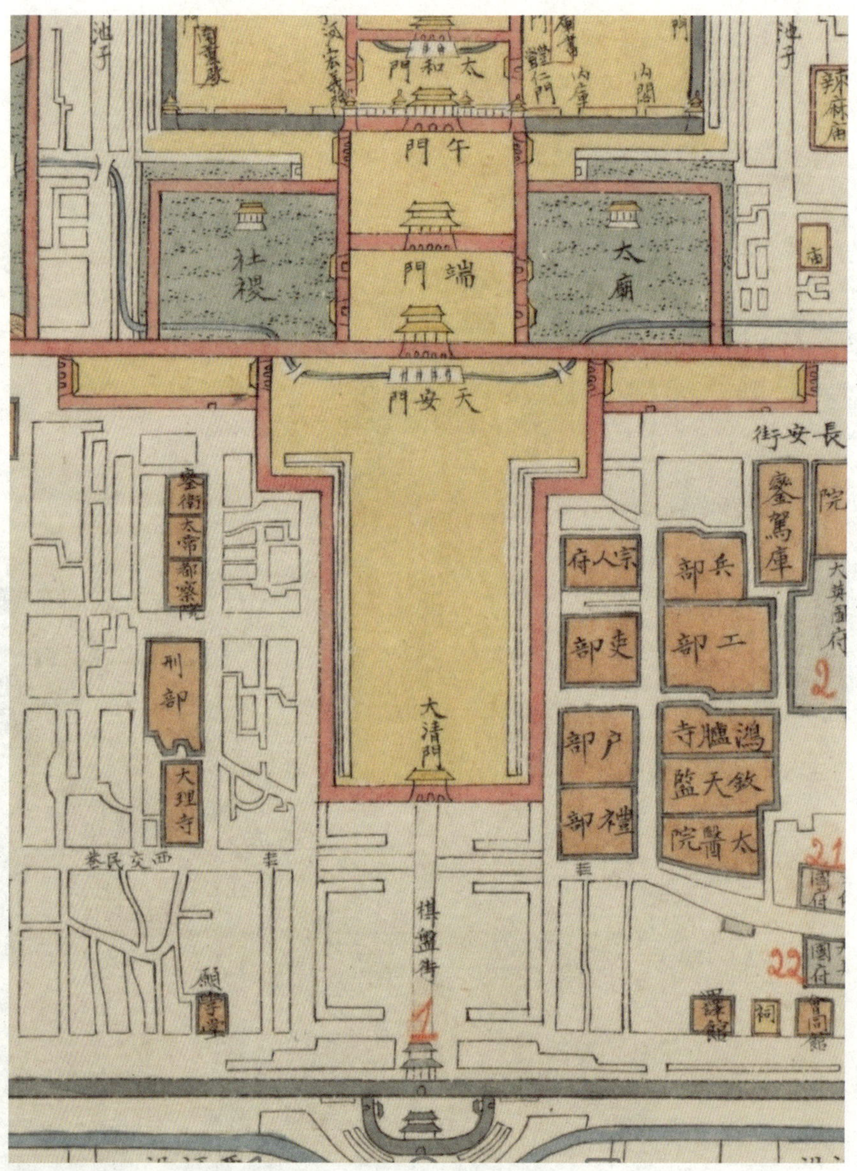

1865 年北京地里（理）全图里的皇城南端

皇城烟云·大清门、长安左门和长安右门

清朝，在天安门和正阳门之间，有一道常年闭锁的门，须弥座，无梁殿式，黄琉璃瓦顶，配石狮和下马牌，前有棋盘御街，后有千步长廊，两侧是各府部衙门，这就是大清门，明代为大明门，民国为中华门。《大清会典》载："大清门三阙，上为飞檐崇脊，门前地正方，绕以石阑，左右石狮各一，下马石牌各一。"《钦定古今图书集成》载："大清门在天安门正南，中为驰道，东西长廊名千步廊，折而左右。长安左门在大清门内稍北折而东。长安右门在大清门内稍北折而西。"

永乐十七年十一月拆除元大都的南城墙，向南展不到二里，重筑新墙。元大都南城墙在今东西长安街南便道一线，南展至今前三门大街一线，这南展的幅度，正是如今天安门广场的范围。新筑南城垣仍辟三门，中为丽正、东为文明、西为顺承。而丽正门内，承天门前，就是大明门。明初还挂有解缙所题对联："日月光天德，山河壮帝居。"

明亡清兴，清代的北京城，尤其是皇城宫城，基本上没有大的更改。游牧渔猎文化的哲学是朴素的实用主义，这么好的宫殿王城，拿来用就是了。于是大清门也只是换了块更长的横匾，以便能放下满汉双文。当然也没有像传说那般，俭省到把大明门的匾翻过来用，更不是所谓石匾，故宫库房中留存下来的大清门匾结结实实就是一块木匾，上面还有张勋复辟时的枪眼儿。这门上的匾额，经历了以下变迁：大明门——大清门（满汉双文横匾）——1912 年 10 月 9 日中华门（汉文横匾）——1915 年末中华门（汉文竖匾）——1917 年 7 月 3 日张勋复辟时重挂大清门（满汉双文横匾）——

1917 年 7 月 12 日重挂回中华门（汉文竖匾），可谓“城头变幻大王旗”。而从老照片来看，大清门、中华门匾皆为木匾。中华门匾由横改竖的同时，还换了字，因为写横匾的京兆尹王治馨已经在 1914 年末被袁世凯枪毙，而且袁世凯恢复帝制也要改换门面。至于张勋那一轮折腾，使得大清门匾额本来已经收存，结果被重新挂出，交战时白白挨了枪子。

大清门身上可谓迷雾重重，有着不少美丽的误会，除了石匾重复利用的传说，还有就是“国门”的称谓。前面说了，大清门其实并非正门，它是皇城前端之门，和长安左门、长安右门都是皇城正门天安门的配套，四座门一起构成一个围合空间，防卫和礼制功能兼备。在大清门前，左右各有下马牌一座，长安左门、右门前也各有一座，而且长安左门、右门前还有东西“三座门”。而所谓“国门”，其实是国都之门，大清门属皇城门，国门还得

清末大清门匾额为满汉双文横匾

庚子国变时期的大清门。此时匾额还是完整无缺的，到了 1917 年就被弹片损毁了

民国初年的中华门挂着汉文横匾

1917 年张勋复辟失败后，摘下当时重挂的大清门匾。匾额已经在讨逆军和辫子军的战斗中损毁

换上了竖匾的中华门。后来直到拆除都是这块匾额

是京师内城正门正阳门才合适。

大清门形制也不一般，表面看是全为砖石的无梁殿式，但其实是木构，外部做成了无梁殿式，这和皇史宬配殿以及长安左门、右门是一样的做法。无梁殿式门，明初多用，甚至朱元璋的南京宫殿，几乎全是浑砖石的无梁殿式门。无木构的缘由，一方面可显厚重俭朴，另一方面也是防火的需要。大清门彩绘也比较特别，只绘一字枋心雅伍墨旋子彩画，等级比东单、东四这些街上的牌楼都低，民国时换了彩绘，也只是花锦枋心雅伍墨旋子彩画，等级略高于清代彩绘而已。大清门坚固异常，1900 年 8 月 15 日，美军拿大炮轰击大清门的门扇，也不过是震松了门闩，让门缝开大点儿，勉强挤过一个瘦子去开门而已。自明以来，按礼制，此门轻易不开，“凡国家有大典，则启大明门出，不则常扃不开。每日百官奏进，俱从二长安门入，守者常数十百人，皆禁军也”（明代蒋一葵《长安客话》）。有清一代，只有郊祀、大婚和殿试三种情况可以通行，能通行的也只有皇帝、皇后和殿试前三甲（状元、榜眼和探花），而大清朝历史上真正从大清门抬进去的皇后，只有五位。清代殿试前三甲可骑马出大清门，而明代殿试张皇榜则是在长安左门，“填榜讫，上御奉天殿传制毕，张挂黄榜于长安左门外”（《大明会典》)。

大清门前是棋盘街，这是真正的“朝前市”，两侧是专门营建的廊房，招商做买卖，当时的天街其实是这里。明代《皇都积胜图》里，做小买卖的都要摆到大明门前了，为区划界限，也只是在门前核心区域摆了红木栅栏，立了下马牌。明代一般是木制下马牌，清代才普遍改为石制下马牌。《清实录·清世祖实录》中，顺治八年（1651 年）六月七日记载的内容就很好说明了明清时这里的规划制度的衔接：“大清门前原立有下马牌，官民乘车马者俱下。其在石栏内贸易者，永行禁止。两旁系故明市肆，许贸市如故。”

《日下旧闻考》则记录了清代制度稳定后大清门附近的面貌："大清门外俗称棋盘街，乾隆四十年修葺，周围石阑，以崇体制。大清门之内千步廊东西向，各百有十间，又折而北向，各三十四间，皆联檐通脊。凡吏兵两部月选官掣签，刑部秋审，礼部乡会试磨勘，俱集于廊房之左右。廊房之外，东为户部米仓，西为工部木仓。"这里提到了千步廊的功用，同紫禁城围房很类似，都有防火隔墙。作为仓房的部分，都专门开有气窗。

按《大明会典》，弘治十三年（1500年），奏准"京城内外街道，若有作践掘成坑坎，淤塞沟渠，盖房侵占，或傍城行车，纵放牲口，损坏城脚，及大明门前御道、棋盘街并护门栅栏，正阳门外御桥南北、本门月城将军楼、观音堂、关王庙等处，作践损坏者，俱问罪，枷号一个月发落"。这里就提及大明门前的配套设施，严禁冒犯损坏。但这并不意味着那里就是皇家禁地，戒备森严，空无人迹。相反，正如顺治八年《清实录·清世祖实

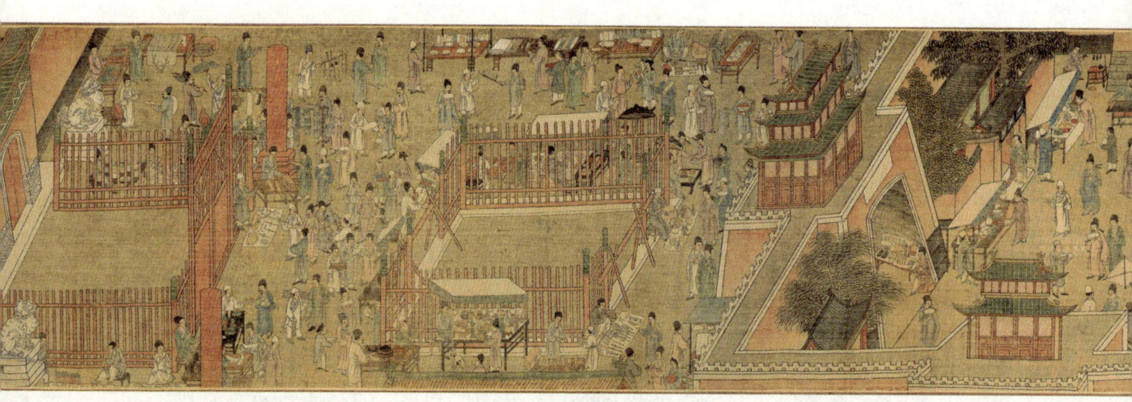

明代《皇都积胜图》局部，从右至左依次绘出了正阳桥牌楼、正阳桥、正阳门箭楼、城楼、棋盘街和大明门，反映了明代中轴之上、国门内外的繁华景象。《皇都积胜图》卷，绢本，设色，2182.6厘米x32厘米，现藏于中国国家博物馆

清代徐扬所绘《日月合璧五星联珠图》里的东单牌楼。《日月合璧五星联珠图》卷，纸本，设色，1342.6 厘米 x48.9 厘米，现藏于台北故宫博物院

录》中提到的，除了核心区域，大清门前“市肆贸易”，那是相当热闹，人间烟火气一点不输东单、西四、鼓楼前。

门西侧有西皮市和甲巷，东侧有貂皮巷和巾帽巷，这些都是南北街巷。还有一条京城最长的东西向胡同，称为交民巷，其实早期是江米巷，同那些集中售卖貂皮巾帽的巷子一样，都是水运码头、货物集散地。后来时代变迁，功能改变，尤其外交功能增加，所以化为交民巷。交民巷在棋盘街这里一分为二，东为东交民巷，西为西交民巷。对着棋盘街，巷口各有一座明代牌楼，东曰“文德”（后改“敷文”），西曰“武功”（后改“振武”），原先也是按照左文右武设置的，同皇城朝仪有关，并非交民巷的牌楼，只是后来淹没于市肆民居之中，成为街巷牌楼了。

明代《长安客话》载：“大明门前棋盘天街，乃向离之象也。府部对列街之左右，天下士民工贾，各以牒至，云集于斯，肩摩毂击，竟日喧嚣，此亦见国门丰豫之景。”可见当时追求的就是天子与民同乐，越是庄严肃穆的地方，越要有生活的一席之地，市井的喧闹衬托出天街的祥和，小民的欢乐便是天子的欢乐。明代《燕都游览志》云：“棋盘街在正阳门内，直宫禁大明门之前，每朝会诸典，京营将先期领营军护卫驻足其中，树帜甚盛，若乃天街步月，虽城中多旷，观乎此属第一。”无论是士民工商的摩肩接踵，还是朝廷典礼、民间赏月，都说明了棋盘街前的盛况。

康熙五十二年（1713 年）时，康熙帝还谈及明成化九年（1473 年）京城洪涝，城内水满，“民皆避居于长安门等处，后水至长安门，复移居端门前至棋盘街”（《圣祖仁宗皇帝圣训》）。一方面说明皇城内地势相对要高，而且城门和高墙也的确可以防洪；另一方面也说明皇家禁地也是相对的，救民于水火才是最要紧的。无论是市井烟火，还是天街赏月，以及救民水火，都同礼制森严自然融合，彼此映照，这也许就是中国古老的治理智慧吧。

大清门前是棋盘街，大清门后则是御街，直通天安门。其实横亘在天

大清门及棋盘街。这是大清门一带很平常的瞬间，秩序井然，安静祥和。英国托马斯·查尔德（Thomas Child）拍摄于 1885 年

开有气窗的千步廊，说明这里是库房

安门前的也是御街，而且都是高规格的龙尾御道。明代《长安客话》载："进大明门，次为承天之门（天安门），天街横亘承天门之前，其左曰东长安门（长安左门），其右曰西长安门（长安右门）。"天安门前这条横亘的天街，有长安左门、右门跨于其上，门内这段民国时曾专称中山路，门外则是东西长安街。清代这里不是通衢，甚至整个内城都没有东西通衢，长安左门、右门以及门外不远处的东、西"三座门"，都是门禁所在。"三座门"外还树有长安街牌楼，而且都是满汉双文"长安街"，且有值房设守。民国时，长安街牌楼去除满文，东边的题为"东长安街"，西边题为"西长安街"。其实早在明代，东交民巷会同馆的朝贡使臣入朝，就是从东长安街过。弘治六年（1493 年）的一道奏折还提及东、西长安门外道路损毁，有碍使臣通行和观瞻，亟待修理，建议从砖砌甬道升级为石道。这种砖砌甬道在东四、东单、地安门一带都存在，早期应该是夯土外包砌大砖，形成高起的甬道，以便利车马，行人走两侧土道。从这道奏折可以看出，明成祖定都北京才七十多年，皇城禁地的这条道路就已经是"砖多被人偷盗，或年久破碎，止存土街，其下又被大小车辆经行，风吹水冲，旁低数尺，一遇大雨，积水如河"了。从后来东西长安街清末老照片看，长安门外依然没修成石道，据说是"被浮言所阻"，看来皇帝家门前搞点建设也不那么容易。

要进到天安门前，一般就得过长安街牌楼，再过"三座门"，再过长安门，然后才能到达。1860 年之后，英法等国陆续在东交民巷设立使馆，好奇的洋人溜达着想探看探看长安街，还没到牌楼跟前，就被喝止。森严的门禁给他们留下了深刻印象，以至于庚子国变时，他们报复性地在皇家禁地四处游荡，拍照留念，甚至坐在龙椅上摆拍。这其实都是森严礼制带来的逆反心理使然。

而一旦这种刻意营造并积淀千百年的神秘感被打破，天朝上国的金玉其外被识破，那爬满了跳蚤的华丽袍服就成了一个奄奄一息的封建王朝的裹尸

庚子国变时期的大清门。下方可见御道连接处，通往大清门的御道是两侧斜铺的龙尾御道，通往正阳门的则是两侧横铺。图片来自小川一真 1901 年《北京城写真》

布。但任何一位对文明有敬畏之心的人站在这里时，都会对这种古老、雄伟、壮丽而又充满智慧的美发出由衷的赞叹，甚至那目睹了嘶吼的大炮对大清门、天安门、端门如何肆意冒犯的人，也不得不承认，那种岿然不动的从容，那种悲壮的抵抗，那破败但又不失尊严的倔强的尊贵，是何等的动人心魄，又令人久久沉思。

天安门前东西长安街龙尾御道。远处为长安左门。图中的士兵是庚子国变时英军中的印度兵和法军中的北非雇佣兵

在大清门后那狭长的千步廊围合空间里行走，同在宽广的宫廷广场上行走，定会有截然不同的体验。中国古老的营造艺术，在皇城得到了淋漓尽致的发挥，以有形的建筑，产生无形的力量，以空间的不同切分和组合，带来精神的暗示和富有节奏感的升腾，在一个相对独立的礼仪空间内形成巨大的张力，但又含蓄着绝不说破。我相信，这两侧连檐通脊的各一百四十四间千步廊，绝非只是为了府部衙门办事和库藏所用，实用性的确不可或缺，甚至不拘一格，但礼仪性永远在更高处，俯视着群生。

大清门两侧，还排列着府部衙门。东侧，从北到南，是正统七年（1442年）四月所建宗人府、吏部、户部和礼部衙门，再往东是兵部街，街东是同期所建兵部、工部、鸿胪寺和太医院。西侧，有西皮市街，再西是刑部街，街西是銮仪卫、太常寺、都察院、刑部和大理寺。理藩院衙门则在东长安街路北，翰林院、堂子和銮驾库在路南。这一带可以说是明清两

西侧千步廊已经部分坍塌。这是八国联军在阅兵，远处是大清门

庚子国变时期的千步廊和天安门

庚子国变时期千步廊已经可以随意进出，可见西侧坍塌的千步廊

代的中央办公区，对大清门和天安门之间的皇城前端广场形成拱卫之势。

如此核心的地带，展示的是清朝的脸面，但清朝的破败早已开始，北京内城最早的影像是 1860 年英法联军入京时留下的，那时的棋盘街一带已经呈现衰败的景象。皇城宫城年久失修，体现的不是俭朴治国，实是力不从心。但这种格局还是在勉力维持，哪怕是《辛丑条约》签订后兵部街东侧的衙门被划入使馆区并大部拆除，哪怕是美国兵营强占了正阳门东侧大片地面，这片地带该有的都还在，敷文牌楼被烧毁后又重建，棋盘街上的东侧偏吉官厅也得到恢复。庚子国变的破坏，以及年久失修的欠账，都借着两宫回銮前的修葺，一次刷新了，比如大清门就补了门钉、走兽、中间门洞的石门槛，补饰、油饰、抹灰，一举见新，颇让人有种中兴的恍惚感觉，实则是

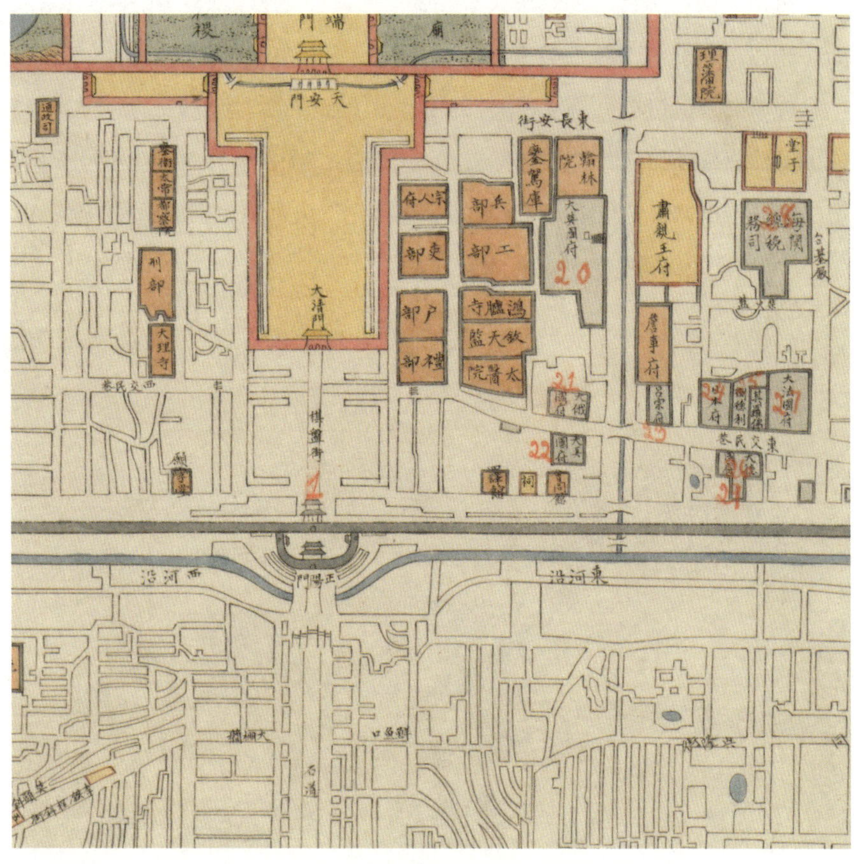

▲1865 年北京地里（理）全图里，可见清代衙署分布

封建帝国最后的回光返照。

民国成立后，新的市政开始在京城施行，尤其是作为国都观瞻之地的棋盘街、千步廊一带，更是气象日新。棋盘街自乾隆年由木栅栏改为石栅栏后，规制百年未变，终于在民国初又一次做了调整。棋盘街布置了绿植，后来石栅栏改为水泥栏杆，南端布局也直角、圆角不断变化着。大清门前的两座下马牌消失了踪影，棋盘街南侧原有的两座偏吉官厅也被拆除。

大清门东侧在庚子国变后也开始了营建，除了美国兵营，东交民巷西口北侧也建了西式大楼，如法国医院和瑞金大楼，就是占据了礼部衙门南部的跨院以及路北的门脸。这些地界的建筑大多在庚子年被毁，看庚子年一位总理衙门官员日记——《石涛见闻录》，才知道东交民巷西口敷文牌楼和附近这些建筑是如何毁的。光绪二十六年五月二十日（1900 年 6 月 16 日）上午十一二点钟，义和团火烧大栅栏“老德记”大药房，引燃周围商铺，因

1900—1902 年间的大清门前，东侧偏吉官厅尚未复建，联军正在用大车拉运物资

1908 年前后拍摄，庚子国变后重修后的大清门，被毁的东侧偏吉官厅得以复建

两宫回銮后重修了的大清门。美使馆商务参赞固立之拍摄的宽幅旧照

为是南风，结果前门箭楼火起。同日下午四点钟，火星吹过棋盘街，东交民巷西口火起，敷文牌楼被烧。

据说当时具体情况是：先是太升楼饭庄天棚被烧，连东隔壁剃头棚同时被焚，东交民巷牌楼亦连上火。这太升楼是在东交民巷西口路北第三家，两层小楼，就在牌楼最北侧。这馆子乃是六部司员宴客聚会之地。当时义和团还试图在东交民巷西口点火，洋兵来干涉，铺户忙将物件搬到街上，部分围观群众和旗兵要抢，混乱之中，洋人开了枪，死了人。这便是当时情形。

庚子年敷文牌楼和太升楼等铺面就这么被烧了，西交民巷东口的振武牌楼无恙。1902年敷文牌楼重建。1915年都改了水泥的，戗杆就没了。1954年都被拆除。

千步廊两侧红墙和户部等衙门之间的那条路，就是户部街，后称公安街，此街还是石道，有利于上朝通行。当年住在外城的汉大臣一般由正阳门进，走户部街石道，或经兵部街，再过北侧长墙的方门，便可进入皇城了。长安左门、右门外曾有遮挡南侧五府六部衙署区的长墙，明代开有东公生门和西公生门，据《明实录·明英宗实录》载，明正统元年六月十日建公生门，“作公生门于长安左右门外之南”。清代，长墙一度取消，乾隆朝在长安门外增建东、西“三座门”时，恢复此墙，并开方门。金水桥东西两侧的公生桥，则在长安门内，并不正对公生门。门和桥皆叫“公生”，缘于都是供官员通行的，“公生”一词，语出《荀子·不苟》：“公生明，偏生暗，端悫生通，诈伪生塞，诚信生神，夸诞生惑。此六生者，君子慎之，而禹、桀所以分也。”其中前两句，在古代是被当作官员箴规的。户部和吏部之间那条横街，称为富贵街。富贵街往西，穿过红墙方门，就能到西皮市了。而隆裕太后1913年葬礼，梓宫也是经过长安左门东侧方门进的兵部街（东公安街）、富贵街和户部街（公安街），过正阳门，到达前门西站的。而东公安街北口，以及司法部街北口，曾分别有一座水泥牌楼。1916年，为纪念袁世凯称帝，在东公安街北口兴建了“履中”牌楼，其北为东长安街，南为东公安街。与之对应，西边在司法部街北口建了“蹈和”牌楼。这两座牌楼，都临近公生门旧址。1950年两牌楼一同拆除，石匾由当时的文化部文物局收存。

而东西长安街牌楼，则经历了拆除、移建又拆除的命运。东长安街牌

庚子国变时期西交民巷东口内，振武牌楼西，向东拍，敷文牌楼烧毁了，西交民巷还是老式甬道，东交民巷早已改了新式路面

重建后的敷文牌楼，对面可见为大清门新添的木牌楼侧门

改造为水泥牌楼后的敷文牌楼，对面是振武牌楼。凯赛尔拍摄

楼原址位于今王府井大街南口外西侧，即北京饭店旧楼前面，横跨东长安街。西长安街牌楼在府右街南口东侧，两牌楼东西相向，构造相同，均为木结构，三间四柱三楼式。立柱均为冲天柱式，东长安街牌楼中间立柱比西长安街牌楼要高出一截，每根立柱两侧均加有戗柱。1954 年 8 月 13 日，北京市政府致函文化部称："东西长安街牌楼地当冲要，于交通颇有妨碍，自东长安街路南建设大楼后，牌楼位置亦不相称。现拟将此两座牌楼全部拆卸，移建于陶然亭公园内。"1954 年 8 月 18 日决定拆除东西长安街牌楼，21 日，东西长安街牌楼同时动工拆卸，25 日拆除完毕。拆下的构件运到陶然亭公园北门内分类保存，其木构件逐一编号并登记造册，瓦件保存完好。1955 年，这两座牌楼在陶然亭公园内按原样重新组建。1971 年 9 月，两座牌楼又被拆除。

2011 年，陶然亭公园重新建起了这两座牌楼。因为原有构件已全部散失，故此次为全部新建，外观仿照了原牌楼的形制。复建的牌楼，与原来的长安街牌楼在很多细节上都不一样，如彩画、毗卢帽等，其中最大的差异是原来的牌楼是闷青削割瓦绿剪边，而不是黄琉璃瓦绿剪边。但毕竟是重建了，让人们依稀能够窥见当年的雄姿。

关于长安左门、长安右门，还有一种龙门和虎门的说法，左青龙右白虎，所以张皇榜是在长安左门，跃龙门。长安右门正相反，每年霜降前秋审在门内举行，所以是虎门。从老照片看，长安左门、右门的彩绘同大清门一样，是一字枋心雅伍墨旋子彩画。清末的北京城彩画令后人感觉很奇怪，按道理天安门为龙草和玺彩画，其前的大清门、长安左门和右门降一等为金线大点金旋子彩画或者墨线大点金旋子彩画比较合理，但是恰恰这几个门为等级最低的不贴金雅伍墨旋子彩画，可能与其砖石材质有关（贴金易剥落）。而且有观点认为此两座门元代就有，可能叫"外仪门"，内有千步廊、中书省。《明实录·明英宗实录》载正统元年"修左右阙门及左右长安

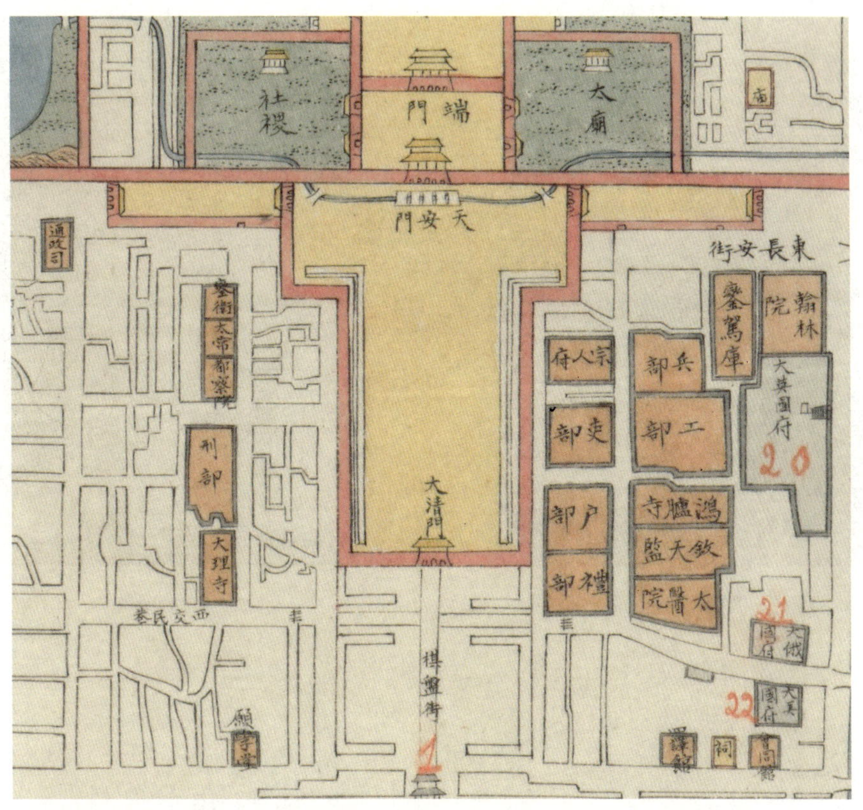

1865 年北京地里（理）全图里的东西公生门

门，以年深瓴甋损坏故也”，但此时距明建北京也不过二三十年光景，算不得年深日久，有可能二门明代之前就已经存在。长安左门和右门南北皆连一段南北向皇城墙，南边同千步廊两侧大墙相连，高度一致，北侧的墙连接皇城墙，略矮。长安左门、右门是 1952 年底拆除的，其北侧相连的略矮皇城墙，分别向东西平移了六十多米，如今还在，应该是 1959 年配合外侧观礼台建设所做的调整。

随着时代的变迁，天安门前发生了翻天覆地的变化，有继承也有发展，

清末的户部街，石道犹存

履中牌楼

大明门、大清门、中华门，长安左门、右门，千步廊、棋盘街，都在风云变幻中结束了它们的使命，走向了历史深处。新的时代，在这片中轴首要之地，又有了新的创建。

1959年的首都“十大建筑”，天安门广场就占了两个，人民大会堂、中国历史博物馆与中国革命博物馆分列两侧，同天安门形成鼎立之势。1958年10月28日，人民大会堂破土动工，1959年9月人民大会堂工程宣告完成。1958年10月中国历史博物馆与中国革命博物馆动工，1959年8月完工。另外，1952年5月首都人民英雄纪念碑兴建委员会成立，1958年4月，人民英雄纪念碑建成。1976年11月24日，毛主席纪念堂奠基仪式举行，1977年9月9日落成典礼举行。这些新中国的经典建筑，同古老的天安门互相映照，形成了天安门广场的今日格局。

蹈和牌楼

庚子国变时期东长安街牌楼，左侧便是裕王府

庚子时期东长安街牌楼，右侧还有井架子

20 世纪 50 年代的长安街牌楼

长安左门，透过门洞天安门前的两座华表。甘博 1918—1919 年期间拍摄

1920 年长安右门，此时石门槛已经去除，透过门洞可见长安左门及天安门前华表

1860 年比托环拍大清门前，这是大清门最早的影像。此时大清门前空无一人，棋盘街也是一片萧索

日伪时期的长安左门，其北侧墙上还开了门洞，便利行人通过

午门系统

【午门】

午门是紫禁城的正门，位于紫禁城南北轴线，通高 37.95 米，始建于明永乐十八年，清顺治八年重修，嘉庆六年（1801 年）再修。午门居中向阳，位当子午，故名午门。午门的平面呈“凹”字形，沿袭了唐朝大明宫含元殿（总宽近 58 米）以及宋朝宫殿丹凤门和元代崇天门的形制，是从汉代的门阙演变而成。东西两阙也称“观”，阙本指门前广场，后演变为今义。但元代崇天门的三出阙制还很古典，明初重建皇宫时发生了较大幅度的改制，两翼合抱更强调了防卫，是一种合理的演变，从设计看更突出了皇宫的尊严。

吕思勉《中国社会史》中说道：“《公羊》定公十二年《解诂》曰：‘天子周城，诸侯轩城。轩城者，缺南面以受过也。’焦氏曰：‘此盖王宫之制，天子周城，故有皋门。诸侯外朝南无门，即无垣墉，故曰阙其南方也。’”

阙和缺，还是通的。午门倒是符合上文所说“缺南面”。很可能只要是宫城，不分天子和诸侯，都有这种阙门，只是天子在阙门前方还建有皋门，在明代也就是承天门。

午门是宫城正门，端门为其配套，前端之门。承天门为皇城正门，所以说天子周城，指的就是天子宫城外还有皇城。

午门分上下两部分，下为 12 米高的墩台，墩台正中开有三个门洞，两侧各有一座掖门。墩台两侧设有登城马道。墩台上正中有门楼一座，面

1901 年的午门，荒草遍地，破败不堪。图片来自小川一真《清国北京皇城写真帖》

1900 年的午门，美军扎营驻守。他们的进攻止步午门，便就势把守这里

弹痕累累的午门，一个联军军官骑马走来。图片来自小川一真 1901 年《北京城写真》

庚子国变时期的午门，中门大开，已经没有什么礼制规矩可言

庚子时期的午门背面。摄影师还找了一个人作为建筑物大小的参照。图片来自小川一真《清国北京皇城写真帖》

1900 年 10 月，八国联军总司令瓦德西在午门前阅兵，并进驻西苑

庚子国变时期的午门。这里的黄包车，是在等来此游览的洋客人

阔九间，进深五间，重檐庑殿顶。墩台两翼各有廊庑十三间，俗称“雁翅楼”。廊庑两端建有重檐攒尖顶的方亭，也叫阙亭（阙楼），四座阙亭同正楼合称“五凤楼”。

南京和北京午门对比来看，南京午门墩台高约 13.25 米，北京午门墩台高 12 米。北京午门主楼有汉白玉台基，南京则无；北京午门主楼与两阙雁翅楼有廊庑相接，南京则无；同为阔九间，深五间，北京午门主楼面阔 60.05 米，进深 25 米，南京午门主楼面阔约 50 米，进深约 24 米；南京午门为洪武八年（1375 年）扩建，而北京午门为顺治四年（1647 年）重修，相差 270 多年。今北京午门城楼的大木构中，有明代彩画遗存，可能明末午门城楼没有完全焚毁，顺治只是修复，或是用了大量明代旧料，午门很可能跟中和殿一样，是天启重建后的遗存，起码城台部分应该是明代遗存。

午门的四个阙亭，其实也是角楼的性质（四角为屏以障城，是曰城隅。宫隅城隅，谓“角浮思”也，《礼记 · 明堂位》注，“今浮思也，刻之为云气虫兽，如今阙上为之矣。则门屏有屋覆之，与城隅及阙皆有浮思，刻画为云气及虫兽者也”）。而且阙亭明代的形制也同清代有所不同，在明代万历朝《出警入跸图》中，是盝顶形制，而非后来的攒尖顶方殿。午门的“凹”字结构，本身也有瓮城的意味，只是箭楼前推，是为端门。午门端门之间是 9900 平方米的广场，门前东设嘉量，西设日晷，一个代表计量法制，一个代表时间，是劳动生活不可或缺的工具，也是皇权的象征。

午门有五个门洞，可是从正面看，似乎是三个，实际上正面还有左右两个掖门，开在东西城台里侧，一个面向西，一个面向东，这就是五阙。这两个门洞分别向东、向西伸进地台之中，再向北拐，从城台北面出去。因此从午门的背面看，就有五个门洞了，所以有“明三暗五”之说。颁朔、进春、献俘活动均在午门举行，明代还在此执行廷杖，午门两侧有锦衣卫值房。

民国时期拍摄的午门前的嘉量

午门中门唯皇帝出入，大婚时皇后由此门入，殿试状元、榜眼、探花可由此门出。文武大臣出入东门，宗室王公出入西门，但西门平日不开，上朝均经由东门。左右掖门平时亦不开，皇帝在太和殿举行大典时，文武百官才由两掖门出入。午门正中门楼左右有钟鼓明廊，西钟东鼓。何时鸣钟，何时击鼓，都有规定。皇帝祭祀坛庙出午门鸣钟，皇帝祭祀太庙时击鼓，皇帝升殿举行大典时则钟鼓齐鸣。

午门尽管戒备森严，但也有疏漏的时候。据传，嘉庆十五年（1810年），一个叫蒋廷柱的人编造谎言，骗过守门护军混入午门，在太和门广场东侧的协和门做了一件令人匪夷所思的事情——燃放爆竹，被当场抓获。至于犯罪动机，没有记载。

明清时期，大军得胜还朝，经常在午门举行向皇帝敬献战俘的献俘礼。明代皇帝参加的献俘礼共有四次，都发生在万历年间。俘虏经千步廊、承天门、端门解至午门，皇帝在午门楼上设御座，亲自发落。根据参加过后两次献俘礼的内阁首辅朱国桢记载，端坐在午门城楼上的万历皇帝在听完献俘官员的奏报后，亲传“拿去”二字。在没有扩音设备的年代，一传二，二传四，四传八，最后广场上的三百六十名大汉将军齐声呐喊，“如轰雷矣”。

清代的第一次献俘礼发生在雍正二年（1724年），平定青海之后。此后又有四次大规模的献俘礼，乾隆朝三次，道光朝一次。

午门也经历过惊心动魄，正统十四年（1449年）明英宗土木堡被俘，朝野震动，监国郕王在午门听政，群情激愤的大臣当庭打死锦衣卫指挥使马顺，卫士又击杀王振的另外两个心腹太监，最终以王振抄家和群臣免罪方收拾住局面。

到了民国，午门又有了新的用途。1912年国立历史博物馆于国子监成立筹备处，后迁至端门、午门一带，1926年10月10日开放。这一时期的午门城台上，还有“国立历史博物馆”字样，门前摆着石马和大炮，阙左门、阙右门前也摆着石狮和大炮，甚至天安门都挂过历史博物馆的牌子。历史博物馆、古物陈列所、故宫博物院，分别占据了宫门及门前广场一带、紫禁城前朝和紫禁城后寝，从此午门就成了展厅。1959年8月在天安门广场东侧建成了中国历史博物馆和中国革命博物馆，两馆同处一座建筑，1961年7月1日正式对外开放，于是历史博物馆搬去了天安门广场，午门最终归了故宫博物院，也还是展厅。而就在历史博物馆设在午门时，这里曾有过一位特殊的讲解员，那就是大名鼎鼎的沈从文先生。午门果然不同凡响。

午门东侧明廊内有鼓

明代《出警入跸图》里的午门，阙亭还是盝顶，钟鼓明廊里可见钟鼓

午门西侧明廊内有钟

庚子国变后午门修缮图样，标有钟鼓明廊

1915年底，午门匾额由满汉双文改为汉文，匾额的铜字还留有痕迹

【端门】

端门据传对应天帝紫微宫、太微宫的南天门，有“前端”和“端正”之意。端门建于明初，先有午门和天安门，端门为后来增建，康熙六年（1667年）重建，形制与天安门相同。端门城楼在明清两代主要是存放皇帝出行仪仗用品的地方。皇帝出午门后先登端门，待准备仪式完成后方正式出巡。城楼下的御道两侧，仪仗种类纷呈，数量庞大，队伍宏伟，从太和殿一直排列到天安门，长达一公里。清代端门还收贮八旗禁军受检时的军械，计有腰刀、撒袋18000份，梅针箭18万枝，盔甲18000余副。庚子国变时，端门所藏历代御用宝刀，亦被洋兵捆载而去。端门至午门占地面积30680平方米，御道两侧共有左右朝房100间，明清两代是六科垣舍，也称六科廊房（吏、户、礼、兵、刑、工六部的办事机构所在地）。阙左门和阙右门以南分别有庙右门（神厨门）和社左门，直通太庙和社稷坛（现已封闭）。阙左门和阙右门以北朝房是王公、文武官员集会和“待漏朝房”的地方。

民国时端门和东西朝房是历史博物馆的文物库房，午门是博物馆陈列室。端门也是博物馆的大门，城台正面有“国立历史博物馆”七个大字。新中国成立后，端门依旧充当库房，倒真是名副其实的“库门”。直到2001年，开辟为故宫博物院端门数字馆。

这阙左门和阙右门也很值得琢磨。二门乃明初所建，木构三间，单檐歇山顶，阙左门东侧和阙右门西侧，各有下马牌一座。阙左门和阙右门分别位于太庙的西北门和社稷坛的东北门旁，有着双重的约束作用，而且在太庙西北门旁还有王公上朝存放马匹的小院子。清代凡九卿会议、拣选人员、验看月官集于阙左门，八旗都统会议俱集阙右门下。二门北紧邻午门为诸王朝房，各有三间。阙左门是午门外向东出入之门，阙右门则是午门外向西出入之门，但令人费解的是，它们的门钉是冲着午门前广场的，这一来午门前反而是这两座门的门外了。既然不是我们想当然的门钉冲外，那就应该是通往太庙和社稷坛的门户，也就是说从门钉来看，阙左门和其南的神厨门都是通往太庙的门户，阙右门和其南的社左门都是通往社稷坛的门户，这种门钉朝向自明代就已然如此，所见明代宫殿图中，只要画出门钉的，尽皆如此。

阙左门、阙右门之间的日晷和嘉量也很有说头。嘉量左设，在东；日晷右设，在西。那么问题就来了，太和殿前也有日晷嘉量，但位置却是相反的，日晷在东，嘉量在西，这又是为何呢？有一种说法是蒙藏以西为上，所以太和殿前刻意按这种习惯进行了设置。但也许还有一个可能，那就是当年的工匠在修缮归位时搞反了，就是这么简单，比如景山寿皇殿前东牌楼匾额就装反了，前门五牌楼满汉文匾额庚子国变后再补上时，满汉文顺序也反了，完全找不到理由能够解释这种顺序和方位的改变，可能就是工匠的失误吧。

从天安门的门洞看端门。图片来自小川一真 1901 年《北京城写真》

民国时期的端门，墙面依旧斑驳

透过端门看午门。甘博 1917—1919 年期间拍摄

【东华门　东安门】

东华门是紫禁城东门，始建于明永乐十八年。东华门东向，与西华门遥相对应。两门并不处在紫禁城东西两城垣的正中，而是偏南，距南垣角楼仅一百多米，距北垣角楼八百多米。这是宫殿布局的要求，刻意避开了内廷，更近外朝，东华门也是大臣上朝经常通过的地方，西华门则直通西苑，内监司事人员经常出入。东华门同东宫有关，明代出东华门则是南内，也是皇太孙驻跸、皇帝游幸、太上皇深居之处，清初还是摄政王多尔衮的王宫所在。紫禁城和皇城的东部，反倒是比西边更多风云变幻，甚至血雨腥风。

明代初建紫禁城时，在筒子河和城墙之间分布着多座守卫值房，当时称作“红铺”。清代随着皇城的逐步开放，宫禁范围收缩。为加强紫禁城的防卫，沿着筒子河东、西、北三面的内侧，建成732间连檐通脊的围房。这些围房除了守卫功能，还用作仓库。乾隆二十八年（1763年）三月，皇帝下旨在东华门外护城河边空闲围房中选用70间设立仓廒，用于存贮太监应领米石，赐名“恩丰仓”。1930年至1942年间，筒子河围房因为年久失修，多数坍塌，被逐步拆除。东北、西北的拐角处则改建为水榭。

东华门外设有下马牌，明景泰三年（1452年），“令官员人等至皇城四门下马牌边横过俱下马，其顺行不系横过，不在禁例”（《大明会典》）。门内金水河南北流向，上架石桥一座，桥柱原无石狮，现有乃是民国时期从各处拼凑，很可能是1915年从前门正阳桥挪来的，原有的二十四气望柱，很可能被用在了正阳门箭楼上。东华门以西有文华殿，明清两代是太子读书习礼之所，明代还是太子监国视朝之所；东华门迤南为内阁和銮仪卫銮驾库；东华门北，紧靠东墙一带，明代是御马监，清代是国史馆。

东华门与西华门形制相同，平面矩形，红色城台，汉白玉须弥座，当中

乾嘉年间地图，东安门在东，再往西是东安里门，再就是东华门

辟三座券门，券洞外方内圆，方门乃是对古典传统的致敬。城台上建有城楼，黄琉璃瓦、重檐庑殿顶，基座围以汉白玉栏杆。城楼面阔五间，进深三间，四周出廊，梁枋绘有墨线大点金旋子彩画。东面檐下“东华门”匾额早期为满、蒙、汉三种文字，后减为满、汉两种，满文在右，汉文在左，辛亥革命后只保留铜质汉字。1914 年 10 月古物陈列所在外朝部分成立后，东华门和西华门城台又镶嵌了“古物陈列所”匾额。

东华门门楼从清乾隆二十三年（1758 年）开始用来安放阅兵时所用的棉甲，棉甲每隔一年抖晾一次。清初，东华门只允许内阁官员出入，乾隆朝中期特许年事已高的一二品大员出入。清代大行皇帝、皇后、皇太后的梓宫亦皆由东华门出，民间俗称“鬼门”“阴门”。紫禁城的四个城门中，午门、神武门、西华门的门钉均为纵九横九，只有东边的东华门门钉为纵九横八，内含阴数，相传也与此有关。不过笔者认为，东华门内便是太子东宫，后来是皇子所居的南三所，可以说紫禁城的东南部，都属于太子东宫范畴，规制上自然要有所区分，明初太子出阁读书的文华殿用了绿琉璃瓦，东华门则是在门钉上有所体现。东华门也屡遭变故：明代天顺朝曹吉祥谋反，乱军攻打的就是东华门；清代嘉庆朝“林清之变”时部分起事者也是从东华门闯入的。

东安门是皇城东门，始建于明永乐十五年。东安门外是御河，河上是望恩桥。隔河就是喧闹的市井，给紫禁城内的皇帝带来很多麻烦。到了宣德七年，皇帝终于受不了了，“上以东安门外缘河居人，逼近皇墙，喧嚣之声彻于大内，命行在工部改筑皇墙于河东”，也就是皇城墙往东移。因为往东又新修了新的城墙和东安门，所以原来“三座门”形制的东安门就变成了东安里门，俗称“墙门”。东安里门应是明代遗存，甚至很可能就是明代东安门外移后补建的，东安里门两侧旧有的皇城墙当年没有拆掉，康熙二十一年（1682 年）绘制的《皇城宫殿衙署图》上还能看到。东安门七开间、中启三门，并修建为黄琉璃瓦单檐歇山顶形制，同西安门和地安门成了三胞胎。清朝灭亡后不久，1912 年北京发生兵变，2 月 29 日夜间东安门被乱兵付之一炬，所幸东安里门和真武庙都无恙。三年之后，北洋政府决定复建东安门。复建的东安门则并未恢复原有形制，而是拆了东安里门，用其旧料，做了个新形制的“三座门”，模样介于东安里门和改建后的长安街三座门之间。仔细辨识新建的东安门，门券以上都还是东安里门的模样，须弥座也是，只是门洞由方变圆了。新东安门于 1916 年建成，结果刚过一年安生日子，张勋率辫子军进京，又闹起了复辟，张勋的宅子在东安门内瓷器库一带，讨逆军架炮猛轰，同辫子军在东安门一带发生激战，此后，新东安门的累累弹痕很久都还在。新东安门在 20 世纪 20 年代又被拆掉，据《燕都丛考》记载是在民国十三年（1924年），一说约在1929年。1929年2月报纸载，因皇城墙已无，所以东安门只保留中门，拆除两侧的小门（指随墙门）。1929年底，张荫梧以打倒封建制度为名，拟将皇城各门一律拆除，旋即遭到各界反对，不得不终止，只是拆了几座门的门扇。很可能就在其后不久，新东安门还是在拆卖皇城墙的热潮中彻底消失了。

1902年，在肃亲王领导内城工巡局时，改良交通，修东安门至王府井一带马路，铲平了旧式甬道，集中安置沿街鱼摊菜市，东安市场由此肇始，市场正是1903年建，容纳搬迁摊贩。这条街还是一条土路时，真是无风三尺土，下雨一街泥。1902年慈禧太后和光绪帝从西安回到北京后，除动用巨款修复颐和园外，还准备修整内城的道路。东安门大街紧靠皇宫，又是皇帝祭东陵必经的要道，更需将坎坷不平的土路垫平修整。当时住在金鱼胡同的军机大臣那桐等满汉官员每天也是经这条旧式甬道上下朝，他们也极希望把东华门的道路修好，于是有了北京第一条新式马路。光绪三十一年（1905年）又开始修整王府井道路，铺成石子路。民国六年（1917年）又大加整修，当时的道路标准为“一等乙类”，其宽度为南段22尺，中段24尺，北段25尺。民国二十四年（1935年）在旧都文物整理委员会的主持之下，王府井大街全面翻修为柏油路，两边便道亦铺砖。1938年8月至1939年1月，北京修了五段沥青马路：安定门经交道口至北新桥，朝阳门经王府大街至八面槽，阜成门至西四，广安门经菜市口至宣武门，天桥至永定门。

庚子国变时期的东华门，残破不堪，柱子铁箍都暴露在外

东安里门和东安门。这算是比较完整的呈现东安门的影像了，东安门因为毁掉太早，至今未发现正面全景照

东安里门和东华门。东安里门上写着“往西车马由南边走”，其实就是靠左行的意思。可能跟庚子国变后引入日本警政、推行新市政有关，因为当时日本也是靠左行。当然，中国古代大部分时期都是靠左行，只是应该没有这样挂牌的要求，也没那么严格当马路规则执行。美国托马斯·克劳德尔·张伯林（Thomas Chrowder Chamberlin）拍摄

清末东安门内侧，当时已经有大员乘坐西式马车进宫了

张伯林 1909 年拍摄的东安门外大街。远处为东安门。张伯林没能专门拍摄东安门，的确是个遗憾，三年之后这座皇城东门就彻底消失了

20 世纪 20 年代末拍摄的东华门。东华门匾额依稀可见旧日满汉双文的痕迹

拆东安里门的建材复建了三券门式的东安门，上面弹痕累累，是 1917 年张勋复辟时，讨逆军和辫子军激烈交火留下的痕迹

《日月合璧五星联珠图》里的东安门，可见当时是左进右出，且台阶为礓碴，利于车马通行

【西华门　西安门】

西华门，紫禁城的西门，始建于明永乐十八年。西华门西向，与东华门遥相对应，门外设有下马牌，门禁森严。但也有不怕死的，宣德七年八月六日，“有妄男子大呼西华门外，语涉讪诽，守门卒捽至御前，其呼仍不已，群臣请下法司，上曰：‘圣人之世有设诽谤木以来谏者，此何足罪？’命释之”（《明实录·明宣宗实录》）。

西华门与东华门形制基本相同，但门钉为纵九横九。门楼也用于安放阅兵所用棉甲及锭钉盔甲。西华门正对西苑门，清代帝后游幸西苑、西郊诸园，多由西华门出，所以西华门一直维护较好，在清末旧照里，东华门、午门等一片破败，年久失修，而唯独西华门一枝独秀。八国联军攻打北京城时，慈禧太后、光绪帝一行也是由西华门离宫的。

西安门位于皇城西垣中段偏北，因有西苑相隔，所以距离紫禁城较远，并且与东安门在空间位置上不对称。西安门始建于明永乐十五年，崇祯十七年李自成从西安门进入皇城占领紫禁城。西安门形制与东安门、地安门相同，为砖木结构之宫门式建筑。面阔七间，中明间及两次间为通道。正中开三扇朱红大门，左右各两梢间为值房。城门屋顶为单檐歇山顶，铺黄琉璃瓦，垂脊兽共七种。西安门内曾有明代玉熙宫之灵星门。民国十年（1921年）后，由于皇城墙拆除，西安门孤立于路口中央，1949年以前，西安门由北平市警察局所属清洁二队使用，1950年划归建设局管理。是年5月，清洁队划入建设局养路工程事务所。9月，养工所将西安门南头住人的两间加挂苇箔抹灰顶棚，四壁抹白灰，将双扇木板门更换为单扇新式木门，入冬后，安装了铁煤炉和烟囱。建设局根据公安局交通总队提议，制定出拆除西安门和修建平交十字路口的初步设计方案，报都委会审议通过后，上报市政府。1950年11月下旬，批准拆除，由养工所实施。随后，

庚子国变时期的西华门。西华门因为帝后常常通过，维护很勤，明显比东华门状况好

庚子国变时期的西华门

古物陈列所时期的西华门。此时的西华门匾额已经去掉满文，但铜字的痕迹还在

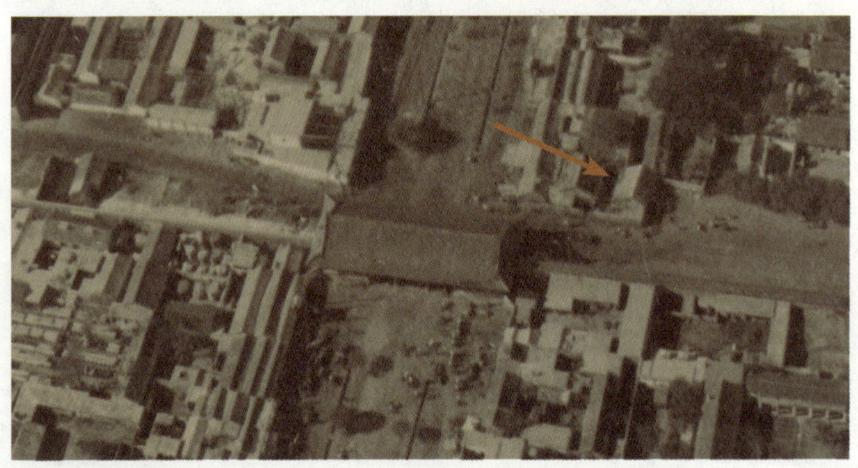

民国时航拍西安门。门外靠北值房如今还在

建筑局测量队和北京文物整理委员会进行西安门范围内建筑测绘。结果12月1日0时50分发生火警，西安门失火烧毁了，还烧了棚户三家，据说是火起门南旁摊贩临26号王朝宗家，但也有分析认为是火起南侧梢间里的清洁队。据了解当年拆除工作的孔庆普先生回忆，当天下午1时，开始拆除西安门，第二天凌晨6时，主体拆完，上午又将台座拆除。门楼共有24个柱础，四周的18个下面各有一个银锞子，中间的两个下面各有一个银元宝，其余四个下面又各有一个银锞子，这是建设时埋下的镇物。12月3日，《人民日报》刊登了西安门失火的消息，说法是路南摊贩失火引燃了西安门，就这样，这座明代始建的皇城西门，从此消失了。

庚子国变时期的西安门外。南侧的店铺已经烧毁

庚子国变时期西安门外。左侧可见值房

民国时期西安门外。此时依然沿用清朝规矩，左进右出

【西华门内断虹桥】

您要问故宫里哪座桥最精美，那还得说是断虹桥。桥在故宫内金水河上，武英殿的东侧。这是故宫的外西路，在西华门内，是三大殿的辅弼，属于外朝，同时也是内廷西路的前卫。因毗邻西苑中南海，帝后出宫游幸西苑或圆明园、颐和园时，断虹桥是必经之地。

内金水河从紫禁城西北而来，在武英殿前一个停留折而向北，短短一个舒展又折而向南，最后蜿蜒东去，到太和门前去谱写最华丽的乐章。就在这短短的舒展处，有一道精彩的音符，横跨其上，传递着大哉乾元的讯息，这就是断虹桥，有人称之为紫禁城诸桥之冠，认为是硕果仅存的元代古桥，亦有观点认为是明初古桥，还有元代遗风。

断虹桥是单孔汉白玉石拱桥，南北走向，全长 18.7 米，通宽 9.2 米，也是宫里最宽的石桥之一。“虹”本就是称桥，是一种更古的说法，再加上遍布桥身的精美石雕，整座桥都散发着古老的气息。20 根望柱上雕着翻转折叠荷叶，连珠莲花须弥座，座顶 34 只大小石狮姿态各异，筋骨毕现，颇具古风。18 块栏板以双龙戏珠为主题，衬雕牡丹、荷花、菊花等 10 余种花卉，上部透雕莲花盆景，下部双龙嬉戏追逐于香花浮雕之间，穿梭于云雨雾霭之中，经几百年沧桑尚且完整，可见鬼斧神工，亦可知用材之考究。桥两端各有披发神兽，龙生九子，此君行六，名曰“霸下”，头披毛发如瀑，双目炯炯，稳踞水波基座之上。桥孔上方刻一吸水兽，两目圆睁，居高临下，以镇水情。

这是早期才有的工艺范式和审美趣味，繁复精细而又更亲近自然，皇城之中可与其媲美的，也只有普胜寺旁的飞虹桥了，相传其石雕构件皆是郑和下西洋带回的海外之物。两桥都名“虹”，工艺皆称绝伦，并非巧合，而是宋元时代的流风遗韵，只是到明初业已渺远了。

从金水河的位置变迁看，也可证此桥的古老。金水河在此地平展，便是元代大内金水河的遗存，不同于明清金水河的一波三折，元金水河自西侧的太液池引水，平铺直行，在崇天门前一展而过，上跨周桥，是元大内前端最具气势的布局。明代则将大内向南移扩，崇天门的位置，约略是奉天殿（太和殿）所在，而与崇天门相当的奉天门（太和门），已紧邻周桥所在的位置，金水河只能向南展移，于是便在中路有了向南的一道长长的弧线。外路多少残留了一段河道，至于是桥因河道而留，还是河道因桥而存，就不得而知了。而且金水河也改为由西北方引来，顺紫禁城内西侧南下而至，不再横接西苑了。

元明大内的位置变迁尚有多种论点，此处跟随单士元老先生的论说，据其名作《从紫禁城到故宫》一书，1964 年中科院考古所曾进行过钻探，在文华殿和武英殿取出的土方证明，在文华、武英两殿的东西平行线上，应是元代皇宫的金水河。求诸舆图，断虹桥及其河道正在这一线上。由此可见，断虹桥卓然不群于故宫诸桥，还是有其缘由的。

不惟桥古，桥北那著名的紫禁十八槐，也多是元代古树，早已是故宫一景，据民国时的《旧都文物略》载："桥北地广数亩，有古槐十八，排列成荫，颇饶兴致。"可谓高槐通幽，绿荫匝地，甭管是皇帝后妃，还是王公大臣，到了这里都会觉得心旷神怡。

武英殿一带属于外朝，有清一代处理王朝大政之地，向来肃静庄严，据曾随侍慈禧太后的御前首领太监唐冠卿、随侍太监陈平顺言，当西太后出入西华门路经武英殿石桥，所乘肩舆还要挂帘掩照而过，可见此处的肃穆。而在殿东一转，一座玲珑剔透的白玉桥宽展于金水河上，龙腾狮舞，巧夺天工，再行则满目苍翠，古木虬枝，心中怎能不顿生"韶华如逝水，粉黛忆倾城"之感呢？

除了这些别样美好之外，还有些令人感喟的传说。宫里面就是这样，美好与痛苦都是那么极致，少有民间的平和悠然。据说这雕饰繁复的元代石桥，在明清两代却是犯皇家大忌的。每当皇帝过武英殿，当差的太监都得提前用黄绸布将桥的两侧罩住，怕龙狮神兽惊了驾，吃罪不起。还有一种更言之凿凿的说法，说是道光帝的皇长子因顶撞老师，被道光一脚踢死，成为皇帝心中永远无法消解的悔恨，偏偏这断虹桥上有一只狮子，一手摸头，一手护下，表情怪异，便有讹传，指为那皇子的化身，这怎能让老皇帝看到？所以才要黄绸裹罩，刻意避开。

这断虹桥长期藏在深宫，不写出来还真没多少人知道，您要是去宫里转转，别忘了去看看这元代的精美遗构。

断虹桥。图片来自小川一真1901年《北京城写真》

太和门系统

【太和门】

太和门始建于明永乐十八年，初名奉天门，面阔九间，进深三间，重檐歇山顶，汉白玉基座，梁枋等构件施以和玺彩画，是外朝宫殿的正门，也是紫禁城内最大的宫门。明嘉靖四十一年（1562 年）改称皇极门，清顺

太和门。图片来自小川一真《清国北京皇城写真帖》

治二年（1645年）改称太和门。袁世凯称帝时曾改为承运门，三大殿改为承运、体元和建极殿。太和门前左右各设一门，东为昭德门（明代称弘政门），西为贞度门（明代称宣治门）。光绪十四年（1888年），贞度门失火，殃及太和门与昭德门，次年三门重建。内金水河自西向东从太和门前广场流过，河上有五座石桥，通常称为“内金水桥”。

太和门前列铜狮一对，铜鼎四只，铜鼎为明代铸造，那么狮子呢？底座肯定是清代乾隆年间的，但狮子就不好说了，一般认为是明代的，也有人根据明代的宫城图皆未绘制这对铜狮，而《康熙南巡图》则出现了，由此判断是清代才有。

太和门在明代是御门听政之处，明代新帝登基、大朝会、册封皇后、册

庚子国变时期的太和门，宫内还有留守的官员

太和门前荒草遍地。图片来自小川一真 1901 年《北京城写真》

立太子也常在此举行，这也跟奉天殿在明代历史上多次烧毁且长期未能复建有关。太和门在“天子五门”的序列中，应该对应应门，回应吁求之门。明清两朝均有御门听政之制，即文武官员早朝，皇帝接受臣下朝拜和处理政事制度，清康熙帝以前的皇帝均在此听政。这是非常古老的传统，在仰韶文化时期，已经有大屋前敞、面南治事的做法。清初的皇帝也曾在此赐宴，后来御门听政改在乾清门，五日为期，是为常朝。

明代的御门听政，隆庆六年（1572年）时定为每旬三次，逢三、六、九日为期。明初几位皇帝除了节庆和丧日外，每日听政，中后期则逐渐废弛，皇帝甚至常年不上朝。《大明会典》载：“近仪，凡早朝鼓起，文武官各于左右掖门外序立。候钟鸣开门，各以次进，过金水桥，至皇极门丹墀东西相向立。候上御宝座，鸣鞭，鸿胪寺官赞入班，文武官俱入班，行一拜三叩礼，分班侍立。鸿胪寺官宣念谢恩见辞人员，传赞午门外行礼毕，鸿胪寺官唱奏事。各衙门应奏事件以次奏讫，御史序班纠仪。鸿胪寺官跪奏，奏事毕，鸣鞭驾兴，百官以次出。”明代的御门听政，可谓隆重而庄严，但其实并不高效，更别提舒服，甚至是一种很别扭的场面。御门不同于御殿，即便是太和门这样的体量，也缺乏应有的进深，以至于皇帝御座直接安排在当心间的檐柱之间，而绝大部分臣僚只能处于台基之下，对话都困难，遇有雨雪，这种半露天的朝会更是显得局促狼狈。英宗朝某次常朝，就因为下雨，众臣拥挤在檐柱线和滴水线之间的狭窄空间内，使得原本侍立御座两侧的内阁成员竟“无地可立”。其实在明初的御门听政中，并非这样的蹩脚安排，起先众臣都是在“奉天门上御座左右侍立，故云近侍”。但是成祖晚年有疾，需要女官搀扶，群臣为避嫌才居处阶下，结果“遂为定制”。这种并不高效的朝仪，也间接导致了嘉靖、万历朝的常朝不常。

在嘉靖十八年（1539年）夏夜，还发生了一件怪事，一个不明身份的男子神不知鬼不觉潜入奉天门，裸身坐在皇帝宝座上，直到次日凌晨，才被太监发现。此人名叫孙堂，是个无业游民，且神志不清。当时皇帝因皇太后葬礼而在宫外，虽定了此人死罪，却一直没有下旨执行，后竟不了了之，堪称一桩怪谈。

光绪十四年十二月十五日，在皇帝大婚前的日子，太和门失火，延烧两日。皇帝大婚，根据大清礼法，皇后须从大清门入，途经太和门。假若皇后从太和门的废墟而入，那就太失皇家体面了。要重建已经来不及了，眼看离次年正月皇帝大婚的日子越来越近，于是，清廷便下令让众多工匠在太和门原址上扎了一座和原来太和门一模一样的彩棚，坚固而华丽，大婚时，皇后也就稳稳当当地被抬进了紫禁城。光绪十五年（1889 年）六月十六日，遵照钦天监诹定吉日，重修太和门工程正式启动，并于光绪二十年（1894 年）四月竣工。而太和门也成了重修建福宫花园之前紫禁城里最年轻的建筑了。重修后的三门，匾额由王法良先生书写。1913 年 3 月，民国政府为隆裕太后举行国民哀悼大会，祭堂也是设在太和门。

太和门前还有一个未解之谜，那就是太和门前的石亭石匮，到底是做什么用的呢？有一种说法，石亭是放月份牌的，称为时刻亭。是不是和天坛斋宫前的类似？也有人说和明代册宝制度有关。其实嘉庆帝就发出过同样的疑问，那时竟然就已经不清楚用途了。据清代英和《恩福堂笔记》记载，嘉庆帝有次从天坛还宫，见到太和门前石亭和石匮，问南书房翰林，无一人知晓。纪晓岚曾问三殿督工者，说石匮中有朽粟，可能是嘉量。后来穆彰阿也曾亲自查看，发现石匮是个整体，嘉量之说也未必正确。清代陈康祺《郎潜纪闻》则认为“太和门丹墀左之石阙储嘉量，丹墀下之石匮储米谷”。

1913 年 3 月的太和门。此时正在为隆裕太后举行国民哀悼会

隆裕太后的灵堂布置在太和门内，而非一般认为的太和殿

【协和门与熙和门】

协和门始建于明永乐十八年，初名左顺门，面阔五间，进深两间，黄琉璃瓦单檐歇山顶，位于太和门东侧廊庑正中，是明代在京文武官员上下接本之地。嘉靖三十六年（1557年）四月因三大殿火灾被焚毁，次年重建。嘉靖四十一年九月改称会极门。万历二十五年（1597年）六月再度被烧毁，到天启年间才重建。清顺治初年重修并改称今名。协和门南有著名的东阁，明代有“东阁五间，白昼秉烛”的说法，“据忆记，会极门南廊一间，坐东向西，额曰东阁”（《清宫述闻》）。

协和门为屋宇式大门，七檩中柱式大木结构，彻上明造，檐下单昂三踩

民国时期手工上色照片。图片左侧为协和门

斗拱，绘有龙锦枋心金线大点金旋子彩画。明间及左右次间各安朱红色宫门两扇，嵌鎏金铜钉。基座高 2.62 米，台明至正脊高 11.43 米，前后均出礓礤墁道。位于太和门广场一侧的墁道离内金水河很近，所以墁道南侧边缘向外倾斜，平面呈梯形，下口宽达 29.9 米，便于通行。由于协和门在清代仅作重新修缮，因此建筑基本保留了明代的构造。

协和门南北两侧各有十一间庑房，上覆黄琉璃瓦，连檐通脊，前出廊，后为风火檐，明代在此设实录馆、玉牒馆和起居注馆，起居注馆在北段。因左顺门处于内阁和奉天门之间，这里还设有本章收发机构，皇帝每每早朝后，来到左顺门，同一两位重要大臣继续谈论政事，气氛轻松，内容多样，是一种轻松的交流接洽。清初，北侧庑房设为稽察钦奉上谕事件处公署，南侧设为内阁诰敕房（其中五间为明代东阁）。东庑前场地，则是礼部和鸿胪寺执事官在典礼活动前演习礼仪之地。明代，大臣们若问候皇帝起居，最多只能到左顺门通过太监传递问候，清代康熙时，则可到后左门外通过御前侍卫传话。

熙和门始建于明永乐十八年，位于太和门外西侧庑房正中，初名右顺门。明成祖曾在右顺门理政，一般在早朝结束后到此，天寒则在奉天门行礼后即转到右顺门便殿听政。明嘉靖三十六年四月第一次被焚毁，次年重建。嘉靖四十一年九月改名归极门。万历二十五年六月第二次被烧毁，天启年间重建。顺治二年五月改名为雍和门，乾隆元年（1736 年）为避雍正皇帝讳而改为熙和门。乾隆二十三年该门第三次毁于火灾，同年十二月重建。两侧廊庑明代为编修《大明会典》的会典馆，清代为翻书房和起居注馆。翻书房是掌管满汉文对译的机构，起居注官负责记载皇帝每日有关政务的言行，轮流值宿。由此可见明清替代，起居注馆也由东庑转到了西庑。

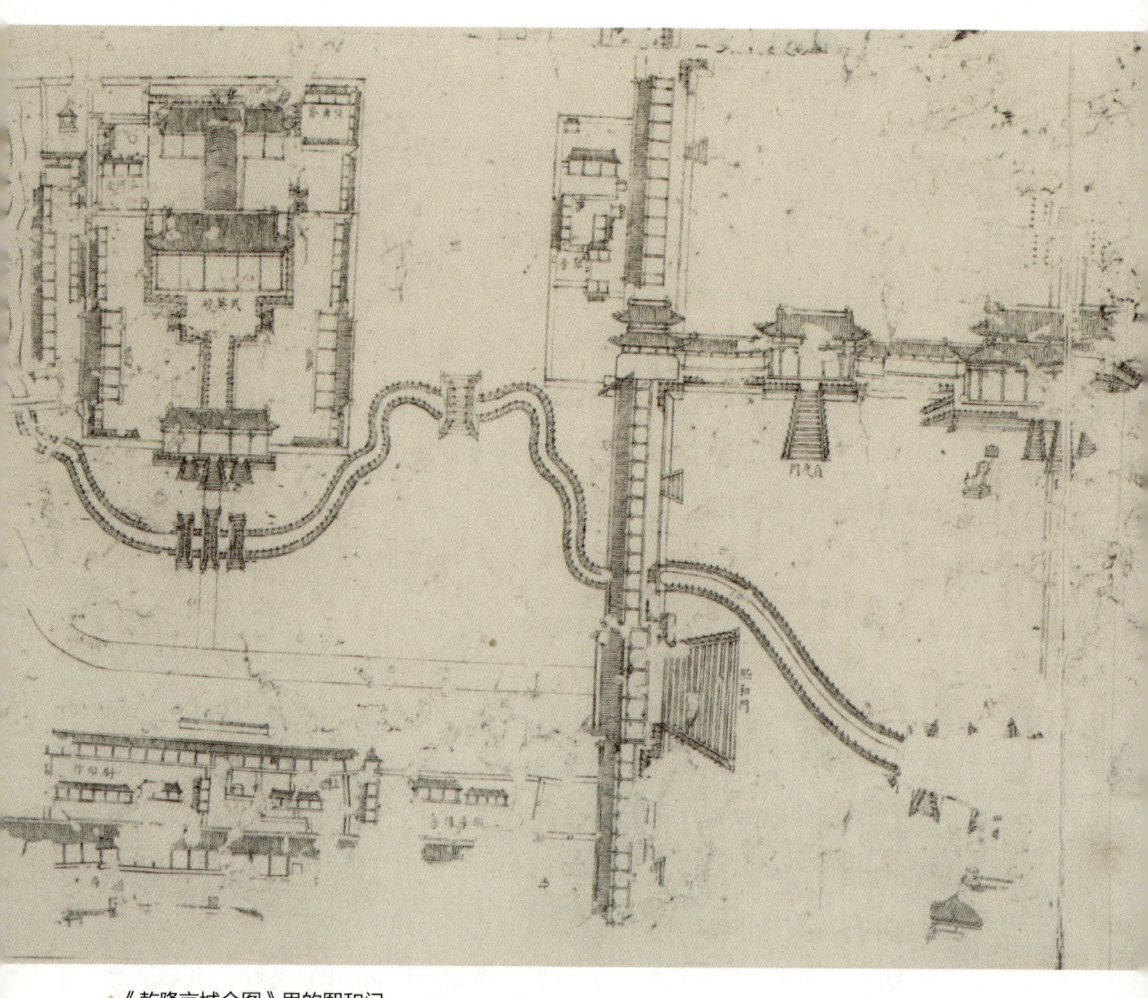

《乾隆京城全图》里的熙和门

【内金水桥】

天安门前面的那条河叫外金水河，横亘河上的三孔拱券式汉白玉石桥为外金水桥。在午门内、太和门前的弓形人工河道，叫内金水河，跨越河上的五座并列单孔拱券式汉白玉石桥是内金水桥。金水桥的蓝本，出自南京故宫的内五龙桥，建于明永乐年间。

分别位于紫禁城内、外的内金水河与外金水河均为高梁河水系，河水由德胜门水关入积水潭，一支从东岸循御河南流入前三门护城河，一支从正南岸出西步压桥下闸，又分两支：一支向西南过北闸口入太液池（今北海），南流从南海日知阁下闸流经织女河，绕今中山公园南出于天安门前，是为外金水河，河水东流经菖蒲河入御河；另外一支向东南流，经蚕殿（今北海幼

内金水桥旧照

1924 年航拍里的内金水桥

儿园）南流，过濠濮涧，傍景山西墙外向南流入筒子河，是为紫禁城内金水河水源，内金水河沿西侧南流再向东，经武英殿前，过太和殿前、文华殿西，向东过东华门内清史馆向南，从紫禁城东南城墙下地沟流入筒子河，全长达两千多米。

五座内金水桥随着弯曲如弓的金水河河道成弧形排列。正中的一座是御路桥，最长最宽，只有皇帝才能通过，汉白玉望柱上雕刻蟠龙祥云。御路桥东西两侧为王公桥，再两侧为品级桥。内金水桥造型秀美，同雄伟壮观的午门城楼和金碧辉煌的太和殿相映衬，引人入胜。这是紫禁城内最大，也是最壮观、最华美的一组石桥，它们实际上将太和门前广场做了一个切分，使得典礼的氛围顿时有了更强的节奏感。

内金水河由太和门广场西边的熙和门底下穿过进入广场，从东边的协和门底下穿出。进口处和出口处都有一个单拱的桥洞。上面也有桥面，可以通行，但只有挨着广场的一侧有护栏和望柱，相当于半座桥梁。结构独特而巧妙，和殿门及南北通道十分协调，和整个广场构成一个和谐、美观的整体。无论从哪个角度或远近观望，视觉效果极佳。这设计上的匠心独具，令人叹服。

乾清门系统

【乾清门】

乾清门始建于明永乐十八年，于清顺治十二年（1655 年）重修。过此门方见乾清宫，因此得名。乾清门是内廷后三宫（乾清宫、交泰殿、坤宁宫）的正门。门外横向广场南北宽五十米，东西长两百米，是外朝和内廷的分界，也是紫禁城内联系东西的主要通道。乾清门面阔五间，进深三间，单檐歇山顶，汉白玉须弥座，檐下单昂三踩斗拱，绘有金龙和玺彩画。中间开三门，门扇安在后檐部位，因此门厅较为宽敞。两梢间为青砖槛墙，方格窗。门前列铜鎏金狮子一对。门两侧为八字形琉璃影壁，以琉璃花为装饰，色彩绚丽。

乾清门东为内左门和九卿值房，门西为内右门和军机处。门前广场东西两端分别为景运门和隆宗门。清代斋戒、请宝接宝等典礼仪式都在乾清门举行。斋戒日，太常寺进铜人，陈放于门左边案上。康熙时御门听政改在乾清门，有时亦在瀛台。听政时于门中间设宝座，部院依次启事，内阁面奉谕旨。御门典礼至康熙朝始完备，冬春在辰初三刻（早晨 7 时 45 分），夏秋辰正三刻（早晨 8 时 45 分），康熙帝御门听政多年后，还专门下旨对御门制度进行调整，以示体谅。康熙帝说，他听说部院奏事大臣黎明就齐集午门外，等到辰正之后才能入奏，等奏事完毕还得回署理事，未免太过劳苦，六旬及以上的大臣，可以先在家喝点粥再来也不迟，这样节劳养体，也可多为他效力几年。他还说这类年迈大臣，隔两三天来启奏一次就可以了，

庚子国变时期的乾清门，此时中门大开，任由外国人进来参观帝后的寝宫。图片来自小川一真 1901 年《北京城写真》

而且没有紧要事，大家将折本汇齐，也可以隔两三天来奏。这还不算，在瀛台御门听政时，康熙帝还安排在长桥两侧挂上渔网，大臣奏事后，还可以网点鱼带回去。另外，御门听政时，据乾隆御诗注记载，每奏一折本毕，降旨都是用满语。朝房也由午门外移到景运门和隆宗门外。咸丰中，因龙体欠安，圣躬违和，此御门听政之典长期不举行，乾清门左右置有两个木箱，御门仪物收存于内，自咸丰后再未开启，早已落满灰尘。

【景运门与隆宗门】

景运门与隆宗门是进入乾清门前广场的重要门户，被称作“禁门”。自亲王以下，文职三品、武职二品以上大员以及内廷行走各官所带之人，只准停在门外台阶二十步以外的地方，严禁擅入。

景运门与隆宗门均建于明永乐十八年，于万历二十六年（1598年）重修，于清顺治十二年再修。二门形制相同，面阔五间，黄琉璃瓦单檐歇山顶，彻上明造，单昂三踩斗拱，梁枋绘有墨线大点金旋子彩画。中间开三门，门扇设于后檐金柱处，前后均出礓礤慢道。

景运门内北侧为蒙古王公大臣值房及九卿值房，南侧为奏事待漏值所。景运门外东为奉先殿，北为毓庆宫。隆宗门内北侧为军机处值房，门外西侧为慈宁宫。清代康熙、雍正、道光等几位皇帝均于紫禁城外西郊的皇家园林中驾崩，他们的梓宫也均由隆宗门迎入。

隆宗门和景运门都是禁卫中枢，景运门向由护军统领亲守，隆宗门由协理统领事务参领掌管值守，二门皆设司钥长一名，护军校三名，笔帖式二名，阅门籍护军一名，护军十七名。内右门等十三处后三宫门户，由内务府护军守卫。每当王公大臣出入景运门、隆宗门，护军即高呼满语“伊里”，就是“起立”之意。

但就是在隆宗门，曾发生过一场激烈的战斗。嘉庆十八年九月，发生了天理教攻入紫禁城事件，起事者趁嘉庆帝离京之机，直入大内，而且还有太监里应外合。九月十四日，起事者乔装打扮，兵分两路，一路由东华门到景运门，一路由西华门到隆宗门。东华门这支因在东华门前与卖煤人争道，露出兵刃，东华门守军骤然关门，仅十数人从东闯入，旋即失败。西华门一支在内应太监刘得才、刘金等人引领下迅速攻打到隆宗门，并在此展开激战。此次紫禁城之变，“酿成汉、唐、宋、明未有之事”，嘉庆帝向天

隆宗门匾额上的箭头

隆宗门箭头一直保留。夏凡拍摄于 2021 年

下发了“罪己诏”。至今隆宗门匾额上和椽子上各留有一枚箭头，以前门内外有多处，相传即为这次战斗的遗迹。稍稍能够宽慰嘉庆帝的，是当时还是皇子的道光帝，表现神勇，举措得当。

关于攻入紫禁城时隆宗门一带战斗，可以看看另一位当事人的记述。礼亲王昭梿在其《啸亭杂录》里有详尽的描述。礼部侍郎宝兴“遂命掩景运门，入告皇次子（后来的道光帝）”，此时皇次子表现出了异常的镇静，从容布置，而且还亲自参与战斗，“命侍者携鸟枪入”，同时严命防卫禁城四门，促命官兵入宫内捕贼。太监刘得才是内应，“引二贼入苍震门”，目的却是借刀杀人，欲手刃太监督领侍常永贵，“泄其夙忿”，结果为太监顾某阻击，最终被擒。从西华门进入的一队几乎全队攻入，杂役杨进忠与其徒高广福作为内应引路。又是同样的泄私愤借刀杀人，这二位因为跟尚衣监的有过节，就给带到尚衣监了。这是为皇室置办服饰的地方，杨某曾经求他们免费给补缀衣物，结果被拒，就因为这个，“遂引贼入，全行屠害，存者无几，有老妇数人藏于荆棘中获免”。一场夺门之变，竟然近乎寻仇斗殴了。

这帮人接着冲入文颖馆，杀了供事数人。翰林院编修陶皃芗和校书梁方，听闻门外“履声橐然”，竟然问道：金銮殿在何所？应该是戏文听多了，觉得皇帝就天天在金銮殿里坐着，才问出这样的问题。陶编修的家仆骆升正好提茶过来，“遂以身障皃芗，贼伤数刃，皃芗得以免”。

这帮人又群集隆宗门，门已紧闭。一位守门护军知道事情危急，将合符（即符信，通行凭证）藏在怀中，被砍了好几刀，懵然卧在阶下，合符得以保全。

天理教众人又由隆宗门外廊房逾越墙头，应是在内右门墙上和内膳房上，窥看大内。皇次子的勇猛沉着在这危急时刻充分表现出来，他立于养心殿阶下，“以鸟枪击毙二贼”，贝勒绵志这时“亦趋入，随皇次子捕贼”。养心殿前的确可看到内右门墙上和内膳房上情景。还有两位慌不择路潜入内膳房屋中的，被一众太监给击杀了。

总之这次事件极为凶险，而且朝廷脸面尽失，“从来未有事，竟出大清朝”，嘉庆帝震怒，紧急赶回京中，中途得皇次子上奏，批答云：欣慰览之。即有恩旨，皇次子遂被封为智亲王，增俸银一万二千两，号所御枪曰威烈。皇次子立了这一大功，从而进一步奠定了储君的地位。

【御花园门户】

相对于紫禁城前廷，御花园是一个过渡，建筑密度骤然增加，如同乐曲在接近尾声时变得急管繁弦。御花园中的钦安殿是紫禁城中轴线上最后一座宫殿，四周建有围墙，是一座独立建筑，曾是明仁宗的寝殿，且仁宗驾崩于此，后来嘉靖帝用作建醮道场，清代则是皇帝元旦拈香行礼之地。钦安殿前有两个旗杆，殿前西侧另有明代树立的巨大幡杆，由长九丈五尺五寸、根径一尺的桅木制成，约有31米之高，乾隆时换安新杆，直到20世纪30年代中期还存留，在景山或北海俯拍紫禁城时，总能看到它，高出钦安殿一大截，而且乾隆三十五年（1770年），还制作了安放在旗杆顶的镀金四方重檐铜亭，且有莲花托，通高四尺七寸五分，而且旗杆系五彩云龙罩油，相当壮观。乾隆三十六年（1771年）又制成一个八方见圆重檐铜亭，且镀了两次金，应该是改进版，最终安放在旗杆顶上。圆亭通高五尺三寸六分，堆叠莲花瓣的底座，据说里面原来供奉旗纛神牌一面，铜亭周围出廊，檐柱间上安花板花罩，下安栏杆栏板，金柱间安槅扇门，格心簇六球纹，裙板把子夔龙纹，如今被安置在殿前一个石座上，由于旗杆已无，所以很少有人知道这铜亭原本是旗杆顶上物了。

钦安殿院落的南门是天一门，该门为明嘉靖十四年（1535年）增建钦安殿院墙时所建，初名“天一之门”。钦安殿位于紫禁城中轴线北端，是皇帝供奉北天玄武大帝的场所，其院门名为“天一”，乃取郑玄《周易注》中“天一生水”之意。清代改称“天一门”，不过直到顺治九年（1652年）仍称“天一之门”。

天一门主体由青砖砌成，黄琉璃瓦歇山顶，正中为单洞券门，装双扇朱漆宫门，门上嵌纵横各九路铜鎏金门钉。门两侧各有琉璃影壁与院墙相连，以琉璃仙鹤、云朵为装饰。门前左右各陈列一只铜镀金獬豸，门内正中有一

庚子国变时期的天一门，左侧可见戗杆，这是天一门内大幡杆的戗杆，直接伸到了门外。图片来自小川一真 1901 年《北京城写真》

株连理柏，御路正中乾隆十二年（1747 年）安设一座青铜香炉。紫禁城西北角的英华门，与天一门形制完全一样。

钦安殿北为承光门，承光门以北为顺贞门。承光门始建于明代，清代沿袭明制，仅有一开间，双扇大门，琉璃门楼为庑殿式，左右两侧分别接有琉璃顶矮墙，同延和门、集福门相连接。门内左右两侧分别有一只鎏金铜卧象。承光门装饰性很强，关闭后作用类似顺贞门前的影壁。

顺贞门始建于明初，原称坤宁门，是御花园的北门。明嘉靖十四年，坤宁门移到了坤宁宫后北围廊正中，顺贞门便改为今名。顺贞门为三座随墙琉璃门，每座各安双扇实榻大门，门钉均为纵九横九。顺贞门外为北横街，隔街与神武门相对。

顺贞门是内廷通往神武门的重要通道，皇后到西苑先蚕坛行祭祀礼或去往圆明园、寿皇殿等处均由此门出入，皇帝有时也出入此门。明代宫里如果有人病故，棺椁会从顺贞门右侧之门送出。清代后宫亲族女眷曾奉旨会亲于此，选秀女亦进此门。选秀时会在御花园搭盖蓝布凉棚，并铺设毡片，照料官从神武门一直能排到顺贞门。顺贞门还被称为花园门，皇帝每次从神武门入宫，要在此换轿，结果嘉庆八年（1803年），出了惊天大事。闰二月二十日，嘉庆帝在顺贞门换软轿时，突有一人持小刀从神武门内西厢窜出，直扑皇帝而来，一众御前大臣、侍卫顿时乱了手脚。两名侍卫被扎伤，皇帝被护送进顺贞门内。刺客此时被乾清门侍卫丹巴多尔济一把抱住，丹巴多尔济被刺得肠子都流了出来还死不撒手，众人这才将刺客拿下。蒙古勇士丹巴多尔济护驾有功，伤愈后被封为贝勒，御前行走，皇帝又将七公主嫁给他，其府邸就在灯市口路北，这就是后来的熙贝勒府，如今的景山学校。而刺客陈德，四十七岁，自称生活无着，故而惊驾寻死，嘉庆帝宽仁为怀，担心株连而没有深究，只是将其一人凌迟了事，可十年之后，又发生了天理教闯宫事变，山东巡抚竟然还查出陈德同天理教有关联，但也不了了之。陈德之所以能趁乱行刺，也是因为神武门常有杂人出入，且内廷嫔妃宫女，常趁帝后回宫之际神武门和顺贞门同时开启的机会，在此会亲，虽有违宫规却形成惯例。

庚子国变时期的承光门。这是一座牌楼门，很适合用在促狭的地界。图片来自小川一真1901年《北京城写真》

庚子国变时期的承光门

神武门系统

神武门是紫禁城的北门，明永乐十八年建成，至今仍是明代原构。皇城四门里，只有神武门和西安门还是明代建筑。神武门在明代称玄武门，玄武为古代四神兽之一，从方位上讲，东青龙，西白虎，南朱雀，北玄武，玄武主北方，所以帝王宫殿的北宫门多取名“玄武”，比如著名的玄武门之变，就是发生在唐宫北门。清康熙年重修时，因避康熙帝玄烨名讳改称神武门。值得一提的是，神武门匾额的满文，其实是直接做的音译，而东华门、西华门等都是意译。同午门一样，神武门楼上也设有钟鼓，这应是为后寝区域服务的，明代由宦官机构更鼓房负责，有意思的是，这么重要的岗位，却被公公们视为苦差，由犯了过失的宦官去做，每夜自起更三点（约20 时 12 分）到次日凌晨五更三点（约 4 时 12 分），和京城内夜禁的时间是一致的。每更轮流一人，用具颇有讲究，乃是以藤条击鼓，以檀木梆头敲铜云板。到了清代，公公们被从这项“苦差”里解放出来，交由銮仪卫负责，钦天监指示更点，每日由博士一员轮值，制度上更具仪式感。每日黄昏后鸣钟 108 响，钟后敲鼓起更。其后每更打钟击鼓，启明时复鸣钟报晓。皇帝住宫内时则不鸣钟，大概是怕惊了皇帝的清梦。

顺治初年，孝庄皇太后下令，有人敢将缠足女子引入宫内者斩，这道懿旨曾悬挂在神武门内。这种鲜明的反缠足立场，从清初一直到清末，朝廷屡次申明，但也只是在最初的年月，在宫内守住了底线，紫禁城之外，民人依然故我，坚守着这项陋俗。神武门作为皇宫的后门，是宫内日常出入的重要门禁，明清两代皇后行亲蚕礼即由此门出入，清代皇帝从热河或圆明园

庚子国变时期的神武门，破败不亚于东华门和天安门，门窗都残破了。图片来自小川一真 1901 年《北京城写真》

庚子国变时期的神武门，虽然残破，但却是如假包换的明代原构

庚子国变时期，从景山俯拍神武门

回宫时多从此门入宫。此门也是后妃及皇室人员出入皇宫的专用门。皇帝出外巡幸，可由午门出宫，但随行嫔妃必须由神武门出宫。如果皇帝侍奉皇太后出宫，则一同出神武门。而在 1900 年 8 月 15 日，八国联军部队和外交使团游行穿过了整个紫禁城，最终就是从神武门出宫，这实在是一种公开的羞辱和示威。1924 年逊帝溥仪被逐出宫时亦由此门离去。

明清两代，紫禁城发生过不少事儿，神武门这么重要的门，自然少不了这类故事。道光三年旧历元旦（正月初一），发生了一件事，惊动了道光帝。有人坐着轿子，径直走了神武门的中门，结果被参，事涉惇亲王，还差点冤枉了瑞亲王和克勤郡王，并波及护军统领和参领一干人等。惇亲王初一当天刚被加恩在内廷行走，同福晋谢恩回府时，本应出神武门东门，结果给抬出了中门，好事变坏事。关键是惇亲王还说瞎话，并让太监去史家胡同负责审办的大臣英和宅中诉辩，结果被揭穿，被道光斥为“苟且无耻之故态复萌”，王爵都差点被革了。毕竟是亲兄弟，处罚也就打了折扣，加恩改为罚亲王俸五年，每年仍准支领一半，分作十年坐扣。道光帝对这个弟弟够仁厚，甚至下谕旨处罚后的第二天，就又让他代为赴太庙祭祀了。

【北上门：朝向之谜】

很多人不知道，在如今的故宫神武门和景山门之间，还曾有座体量和规制都很可观的大门：北上门。它的体量大到可以把现在的景山大门套进去，规制堪比皇城的地安门、东安门、西安门。这座门的准确位置，就在如今

20 世纪 20 年代从景山俯拍北上门，北上门几乎能把景山门包进去

景山门往前靠近神武门的大马路上。北上门两端也有门：北上东门和北上西门，它们都是“三座门”形制。

当时北上门两侧，是一溜各五十楹的官房，康熙《皇城宫殿衙署图》里显示，西侧官房有十二间，东侧官房有二十四间，其余是墙垣。从部分存世老照片看，官房后墙很像内皇城墙的形制，参照故宫筒子河内的连房和三大殿两侧廊庑的做法，这些官房应是先有墙，后陆续依墙而搭，形成连房。

顺着这些官房走到东西两端，便是北上东门和北上西门。北上门两端其实不止这两道门，在北上东门和北上西门靠南，连房背后，接连筒子河处，还分别开有两道小门——东砖门和西砖门，这才是人们常走的地界。东砖门外还有口井，直到民国都还有。您可别小瞧了这两道小门儿，在光绪《皇帝大婚图》中，可以看到隆裕皇后出神武门回桂公府，就是走的东砖门，然后又走的地安门。

为什么没走北上门呢？因为在光绪年间，北上门是进景山的第一道门，不是进出紫禁城的门，北上门南侧，两座砖门所在的夹道，反而是通往神武门的必经之路。但在清代早期以前，北上门一直都是紫禁城的北门，这也和北上门的名称相符。尤其明代，北上门乃是内皇城墙上重要的一道门户，若要进神武门，先得从北上东门或西门进来，再过北上门，才能到神武门前。崇祯皇帝游景山，便是从东华门出，由“山左里门”（景山东门）进景山，然后由景山南门“万岁门”（景山门）出，走北上门，再入神武门回宫，这是规矩。

另外，在景山的北墙外，还有一道北中门，这是过地安门后的一道门户，它是北上门的配套。同样，在东安门和西安门内，也有类似配套，比如东安门内就有东安里门、东中门、东上北门和南门，最后才是东华门。这层层的门户，才让深宫大内的皇帝多少可以安心。

“盖自玄武门外，出北上中，山势蜿蜒而未穷”，明代黄佐《北京赋》

的这句，似乎能说明北上门明代朝向，它是朝北开，是紫禁城外一层门户，再外就是皇城北安门了（地安门）。

而且明代宫人病故，则抬出玄武门（神武门），经北上门、北中门达安乐堂（地安门内），这说明此时北上门是出宫的门户。

也就是说，北上门的朝向经历过一个朝北—朝南—朝北的变化，最早北上门作为大内北门是朝北开，明代和清代早期都是，后来作为景山南门改为朝南开，直到 1930 年前后又改为朝北开，此时又是故宫北门了。

清代中前期，因为精简皇城衙署，收缩禁卫范围至紫禁城一线，皇城内多为内务府各衙署（七司三院各库），及内务府三旗住居，又有守卫皇城的上三旗（清代由皇帝直接统辖的三个旗，称为上三旗，即：正黄旗、镶黄旗、正白旗）进驻，大部分内皇城墙便失去了防卫作用，逐渐废置拆改，其中有些驰道，变为繁华街道，并有了市井店铺。此时，大部分内皇城的门户则逐渐废弛，只有北边的部分城墙与门楼，处于景山禁苑和紫禁城之间，因为位置依然重要，而被保留，但也多少失去了防卫宫廷的本来作用，后渐改为他用。康熙二十四年（1685 年），就在北上门两侧官房设了官学堂，主要为内务府三旗子弟读书之所，称为景山官学，并选满汉教习教授满汉文字，三年期满，老师学生都有叙用录用的机会。由此北上门以北就成了景山官学的校园，景山绮望楼里还供奉孔子牌位，为景山官学堂学生祭拜先师孔子之处。此后，北上门由进入紫禁城的门户，逐步成了景山的南大门，但具体改变的时期，还需要更多考证。

而一则乾隆十三年（1748 年）史料，或许可进一步解开北上门朝向之谜。《清宫述闻》载总管内务府折："乾隆十三年五月十八日，内廷主位进宫之际，和硕庄亲王、和硕和亲王适至神武门外，猝遇关防已至北上门内，王等均系内廷行走之人，闻知关防将至，并未远避，辄自于御道上驰马经过，甚属不合，应各罚王俸，按季自行交纳广储司银库。"就是这则史料，无意中透露了北上门在当时到底朝哪儿开的问题。这里提及“猝遇关防”是在神武门外和北上门内这个区域，也就是神武门北和北上门南，也就说明了北上门当时是朝北开。

而清末则是朝南开，作为景山第一道大门。《清宫述闻》曰：“北上门，景山前门也。门额为明人书。门东西长庑各五十楹。西五十楹，旧为清景山官学舍，本院（故宫博物院）成立后，划入本院。”同时也有旧照为证。

如果乾隆十三年这则史料的证据成立，那么康熙二十四年景山官学设立，就并非朝向改变的时间点，至迟到乾隆十三年，北上门还是作为紫禁城北面门户使用的，到底何时改为景山前门，还有待进一步考证。

一些史料记录也很好地证明了北上门的朝向。如咸丰帝诞辰，同治帝去景山寿皇殿拈香，就要经北上门进出。曾国藩曾在日记中记述：“上从吉祥门乘轿，由琼苑西门出顺贞门、神武门，至北上门，至太高殿。拈香毕，乘轿出东随墙，进景山西门，至寿皇殿。行礼毕，乘轿，由西山道出北上门，进神武门、顺贞门。”也就是说，从景山去紫禁城，是“出”北上门，“进”神武门，这很好地说明了北上门的朝向，是和神武门对着的。而且，庚子国变时的老照片显示，北上门门钉冲南，还是这个朝向。

1924年，冯玉祥将逊位的宣统皇帝赶出紫禁城，北上门真正的改变这才开始。1925年故宫博物院成立，1928年景山成为公园，归属故宫博物院管理，到了1931年拓宽道路，拆除了北上东门和北上西门，北上门同景山大门之间有了一条景山前街，北上门两侧官房的北侧临街加建了垣墙，门前还布置了路灯。这时，北上门从景山彻底分离出来，变成了故宫博物院的北门，当时这里是卖纪念品的地儿，算是最早的故宫文创部了。此时景山前街在北上门北侧打通，门前原有的八字墙保留，两侧栅栏门取消。而北上门和神武门之间则形成一个小广场，民国时一度是停车场。马衡任故宫博物院院长时，威望很高，专车每每开到北上门前，即有人向神武门方向高声喊："院长到！"神武门那边听到后，又有人向西——院长及总务处的办公地点高喊："院长到！"总务处各科室则纷纷把墙上"院长在院"的小木牌翻过来，以便人人周知。

新中国成立后，北上门两侧的连房成了故宫博物院职工宿舍。据曾生活在那里的居民回忆，每月故宫都给家属放电影，每逢放映电影时，北上门就关上了，专人把门，凭证进入。1956年5月底至6月上旬，宽仅五米的景山前街再次拓宽，而北上门于5月27日起清拆，6月12日夷平工毕。历经了明、清、民国的古老北上门，终于转身走入了历史的深处。

北上门被拆除后，楠木、松杉木料、砖瓦石材等建筑材料交故宫博物院，用于西北角楼的大修工程。

庚子国变时期的北上门南侧。图中可见北上门门钉朝南。门关上后，在门外才能看到门钉，所以门钉冲南则代表门朝南开

乾嘉时期地图里的北上门。门两侧有八字墙，或者说门是向内收的，对门外空间形成环抱式，所以北侧为门内，门朝南开

1946 年，看门钉可知北上门已经朝北开。这是中间门打开的状态，门扇挨在了内侧的柱子上。两侧门的门闩也能说明门朝北开。凯赛尔拍摄

庚子国变时期，从北上门望向景山门。从门扇和雀替位置关系看，门钉冲向摄影师，也就是冲南，所以门朝南开。图片来自小川一真 1901 年《北京城写真》

作为故宫博物院正北门的北上门。这是在景山前街往东南拍，北上门外侧

1879 年拍摄的神武门和北上门一带

地安门

地安门位于皇城北垣正中，始建于明永乐十八年，初名北安门。清顺治九年重建改称地安门，为砖木结构之宫门式建筑，同东安门和西安门类似。面阔七间，中明间及两次间为通道。正中设朱红大门三对，左右各两稍间为值房。城门屋顶为单檐歇山顶，铺黄琉璃瓦，垂脊兽共七种。有石门槛，带豁口，可过大车。地安门内大街南端，靠近景山位置，东西两侧各建雁翅楼，原为内务府满蒙汉上三旗公所。庚子年守卫皇城的清军在此激烈抵抗，地安门毁于日军炮火，此事在醇亲王日记中有载。1901 年对地安门进行复建，1954 年底至 1955 年初，因疏导改善城市交通，地安门被拆除，其时也才建起三十来年，建筑构件被运往天坛编号存放，计划建为天坛北门，结果因火灾被毁。

地安门是皇城北门，与天安门相对。地安门位于北京中轴线上，往南正对景山的寿皇殿、山主峰上的万春亭。地安门以北正对鼓楼。八国联军攻打北京时，慈禧太后携光绪帝就是从地安门逃出北京的。地安门内，甬道高起，两侧的红墙，其实比皇城墙要低，是区隔两侧衙署和大道用的，有利于回避和肃静，明代即有，清代继承。现在地安门外大街沿街的房子，压在了明朝修建的下水道上，这说明现在的沿街房屋是占“官街”建起来的，明代的街道要比现在宽得多。

清代只有地安门大街和鼓楼大街，民国地安门大街分了内外，地安门外大街是地安门到万宁桥，万宁桥到鼓楼是鼓楼前大街，而地安门内大街后来是景山后街。而地安门外的万宁桥，也是很有说头的。

庚子国变时期，从景山向北拍摄，地安门已无。图片来自小川一真 1901 年《北京城写真》

庚子国变时期，从景山向北拍摄，地安门已无

1909 年的地安门外大街。张伯林拍摄

民国航拍里的地安门。凯赛尔拍摄

从景山北望地安门。最远处的高楼为鼓楼，稍近处的门为地安门。甘博 1918—1919 年拍摄

地安门，透过门洞可见鼓楼。甘博 1918—1919 年期间拍摄

清末，鼓楼南望。图片左上角可见远处是新复建的地安门及景山。鼓楼前还是旧式甬道，两侧还有临时棚房

光绪《皇帝大婚图》里的地安门，可见地安门内的甬道，以及两侧官厅。两侧官厅被认为是雁翅楼，实则真正的雁翅楼在地安门内大街南口

清末的地安门。这张照片珍贵之处在于画面右侧有人正在给路灯添油

民国时期，从景山北望地安门

【世界文化遗产——万宁桥】

万宁桥又称后门桥，是钟鼓楼和地安门之间不可缺少的连接，也是今日中轴线上一处世界文化遗产（为大运河世界文化遗产的一部分）。据《析津志辑佚》载："万宁桥至元中建，在海子东，虽更名万宁，人惟以海子桥名之。"万宁桥始建于元世祖至元二十二年（1285 年），其北为钟鼓楼，鼓楼东北曾有大天寿万宁寺，为元代巨刹，大都城的中心，据传钟楼（一说鼓楼）便由其中心阁发展而来，万宁桥之名也许与其有关。桥西装有水闸，名曰"澄清上闸"，通过提放水闸，沿御河北来的漕船可节节抵达"海子"（积水潭）内停泊。其后漕运兴衰变移，明代皇城东扩，御河终为皇城内河，万宁桥也隐入市井之中。在明代，最北端的万宁桥是御河起始点的标志性构筑物，是御河上最古老的一座桥，也是御河十桥中唯一留存至今者。清代改皇城北门北安门为地安门，万宁桥遂更名为"地安门桥"，简称"地安桥"，俗称"后门桥"。1951 年曾进行修缮，后万宁桥下御河改为暗河，桥两侧成为平地，仅剩桥栏杆露出地面。万宁桥于 2000 年 12 月完成修复，河道现宽 17 米，拱高 3.5 米，数百年间不同年代的石栏杆并存，元代的古桥上依然车水马龙，两岸元明六只镇水兽也重新回到老北京人的生活中。镇水兽紧盯水中的宝珠，仿佛谨防大水淹了北京城，澄清上闸的绞关石和闸门槽也保存下来。万宁桥至地安门东大街之间的御河北段河道也于 2009 年疏浚修复，重现御河风光。而万宁桥的镇水兽，则依然保留着旧日的风范，承担着镇水的重任。

庚子国变时期的万宁桥

教廠中街
七條衚衕
六條衚衕
五條衚衕
四條衚衕
三條衚衕
二條衚衕
頭條衚衕
坑
北草廠
水關
板橋衚衕
二條衚衕
三條衚衕
半截衚衕
法華寺
大街
八調灣
石橋
馬家廠
橫橋
正黃旗界
新街口
蔣家房
龍王廟
街坑
羅兒衚衕
草廠
官衣庫
宝禪寺
車兒衚衕
賈家衚衕
棉花衚衕
羅圈衚衕
護國寺
得勝橋
鍋廠
鉄匠營
三座塔
北線閣

第四章

门之趣闻

“三座门”和“牌楼门”

【故宫以北：那一溜“三座门”】

《日下旧闻考》里，乾隆时君臣曾不无得意地感慨：“皇城之内，前明悉为禁地，民间不得出入。我朝建极宅中，四聪悉达，东安、西安、地安三门以内，紫禁城以外，牵车列阓，集止齐民。”意思是说我大清朝比明朝可亲民多了，皇帝家门口都让过日子、做买卖。这也展示了康乾盛世时皇城内市井繁荣的景象。“稽之古昔，前朝后市，规制允符”，讲究的是垂裳而治、与民同乐，也就没有驱赶清理。也正是这一时期，皇宫大内的核心防卫范围缩小，尤其东部，从东皇城墙一带收缩到紫禁城东。明代即有的景山之东的内皇城墙，向南延伸，同紫禁城外围防线衔接，在景山和东华门一带形成禁区，依然延续了明代的内皇城防卫体系。若要进入景山、大高玄殿乃至西苑三海一带，就需要经过一道道门禁，要过各种“三座门”。“三座门”是并排三个门楼组成的一道门禁，常用于宫禁的防卫，北京皇城有好几处“三座门”，东西长安街三座门，东安里门三座门，而景山、三海一带，这京城最美大街上最美的一段，就曾有不下九道“三座门”。除了北上门两侧的“三座门”——北上东门、北上西门，还有北海金鳌玉蝀桥两端的东西五道“三座门”，老北京人更为耳熟能详的大高玄殿的“三座门”，甚至如今的景山门曾经也是“三座门”形制。而进了皇城想往景山近处走，首先要过的，是一道更为神秘的“三座门”。

【神秘“三座门”】

景山之东、沙滩以西曾有一道神秘“三座门”，这门史料里少有记载，地图里一般不标，老照片里基本见不着，但它的确就在那里，而且比一般的“三座门”都要早些，大清朝一结束，它也很快退出了历史舞台，随着见过它的老一辈人，永远地消失在昔日时光里。幸运的是，还真寻到了那么两三幅老照片、一两张老地图可以一探究竟。照片画面模糊，地图也没标名字。

最珍贵的一张老照片是庚子年八国联军进北京后所拍，应是在景山东部向东南方俯拍，被朝廷弃于联军之手的残破的京师，一派肃杀之气。故宫东北角楼、景山东侧的内皇城墙拐角、北池子北口风神庙、长长的东皇城墙，以及再往东的市井人家，尽收眼底。就在筒子河沿线向北与景山前驰道相交之地，有一道“三座门”，两侧红墙延展，形成围合，大有“一夫当关，万夫莫开”之势，但细看，也已是门户洞开。此门相当关键，可就是不知道它的名字、来历、沿革。

庚子年，法军坐着热气球也拍到过它，那算是北京最早的航拍，从北海向东，极远处依稀可见这道神秘门户，那还是因为有了上面提到的那张旧照的提示，不然根本注意不到。

分别绘于1861年、1875年、1901年、1908年、1916年的几幅清末地图上倒是标得清楚，一幅道光朝地图上则标出了名字，其实就等于没有名字，就是“三座门”。这道“三座门”就在筒子河北端正上方的路口，站在景山前街11号门前，往筒子河望，那消失的“三座门”位置就在眼前。此门上连景山东侧向东延伸的内皇城墙，下接筒子河外侧的所谓“河墙”，考其功用，应是明代内皇城墙的延续。这河墙是紫禁城外的防线，神秘“三座门”便是这道防线在景山东边的一个咽喉节点。筒子河内侧也有河墙，

庚子国变时期从景山俯拍神秘“三座门”

乾嘉时期地图里的神秘“三座门”

道光二十五年（1845 年）地图里的神秘“三座门”

在乾隆年间营建紫禁城外侧围房时，充作了后檐墙，如今故宫东北、西北角楼下的折角敞轩就是围房的巧妙改建。神武门两侧还分别恢复了 21 间围房，那里如今是角楼餐厅、故宫文创街。

至于文字记载，在清代《京师坊巷志稿》中仅有一句：“西沙滩迤西为三座门，又西北为景山东门。”这沙滩的地名至今犹在，西沙滩迤西，正是这门的位置。1933 年的《北平地名典》中有“三座门”地名，“内六东安内，东通沙滩，西通南筒子河”。

在林京 2014 年出版的《寻觅旧京》一书中，看到一张标注为“景山东

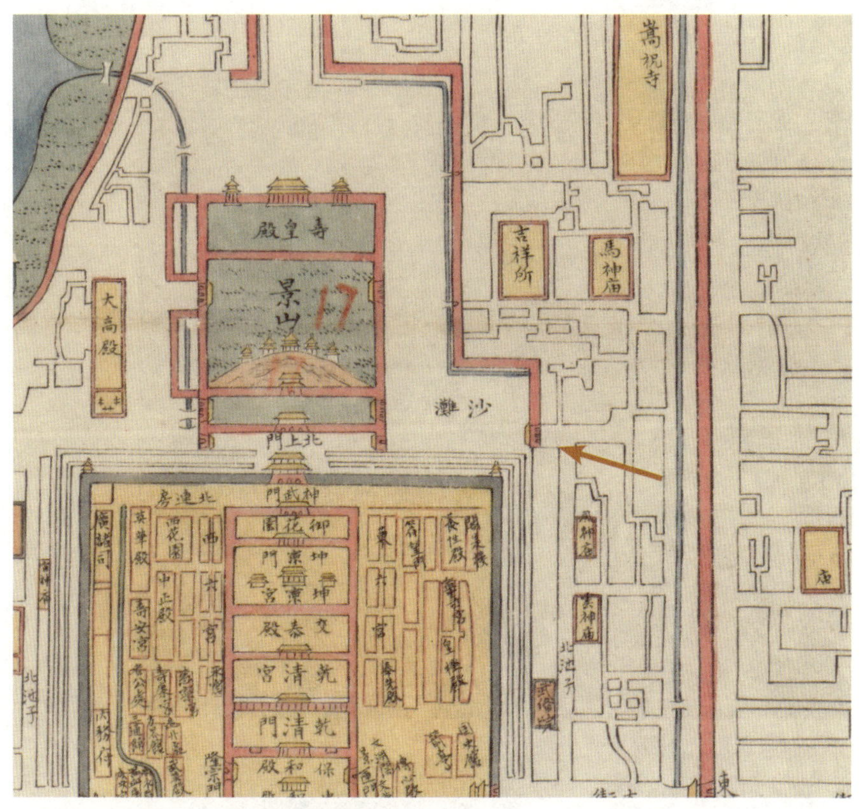

1865 年北京地里（理）全图里的神秘“三座门”

三座门”的 1909 年旧照，正是这神秘“三座门”近影：一位杂役打扮的中年人，推着运料独轮车，正在从这“三座门”的南侧门洞出来，右侧就是中间门楼的南侧墙，透过门洞，可见景山及万春诸亭，以及景山东墙，还有担筐的，可能是在修路。宣统元年（1909 年），慈禧太后、光绪帝宾天，袁世凯开缺回籍，清政府预备立宪，宫禁也将随着风气渐开而有所变化，这神秘“三座门”，于 1922 年底因妨碍交通而拆除，1922 年 10 月 24 日的《益世报》登载有“催拆沙滩三座门”一文，提及“有碍交通……即日拆卸”。如今，唯有在图文的碎片里，寻觅旧踪了。

庚子时期法军热气球航拍。图片中上部可见远处的神秘“三座门”

清末的神秘“三座门”。旁边有一座值房

民国初年的神秘“三座门”。美国威廉 · 罗克韦尔 · 李德（William Rockwell Leete）拍摄

【大高玄殿和著名的“三座门”】

过了景山，就是始建于明嘉靖二十一年（1542 年）的大高玄殿，北京人记忆中的“三座门”，其实指的就是大高玄殿南墙上的三座琉璃随墙门。清代因为避康熙帝名讳，大高玄殿也称大高殿。它是目前唯一保存下来的明清皇家道观，墙如其名，比景山红墙高出近一半。大高玄殿庚子年沦为法军军营，损失严重，辛亥革命后仍归皇室所有，1924 年冯玉祥驱逐溥仪出宫，后归 1925 年成立的故宫博物院所有，1950 年被有关单位借用，2010 年归还故宫，2013 年完成腾退移交，如今正在修缮，不久的将来，您或许可以在这巍峨宏大的皇家道观里漫步探访了。

大高玄殿前原有牌楼三座，形成牌楼院，1955 年，东西牌楼因有碍交通被拆除。而早在 1920 年 3 月，缺少经费的北洋政府就被迫拆掉了年久失修的大高玄殿南牌楼，后来南牌楼又于 1936 年复建，到了 1956 年又因为阻碍交通被拆，2004 年为保护古都风貌重又复建，位置略有南移。如今乾隆八年（1743 年）初建的南牌楼又树立在筒子河边，那曾被当作石桌面的匾额又被安回原位，可惜夹杆石上的石兽恢复错了，应当两侧是狮子，中间俩是麒麟，如今清一色麒麟，前门五牌楼也有类似错误。朋友们去游览的时候可以仔细瞧瞧。明代初建的东西牌楼拆除后的残件则拼为一座，移建于中央党校院内。东西南三座牌楼均为四柱九楼不出头式样，东西两牌楼楠木立柱粗大，没有戗柱，所以老北京有句歇后语：“大高玄殿的牌楼——无依无靠。”牌楼的匾额也很可观，南牌楼南面匾额为“乾元资始”，北面为“大德曰生”。西牌楼东面匾额为“太极仙林”，西面匾额为“弘佑天民”，因避讳乾隆帝名字，“弘”少一点，庚子年重修后这一点又恢复了。东牌楼西面匾额为“先天明境”，东为“孔绥皇祚”，东西牌楼匾额相传为严嵩所题。牌楼旁还立有“王以下官民人等至此下车马”的下马牌，典型的清代用语。明代的原刻则是“宫眷人等至此俱下车马”，也说明在那时此处是只有宫里人来往的禁地，类似的下马牌嘉靖帝在中海万善殿也立有一座，明人由此对嘉靖帝的评价是“世宗尊崇玄教敬恪如此”，而且巧合的是，明世宗嘉靖和清世宗雍正都喜好道教。大高玄殿门前两侧各有习礼亭一座，玲珑繁复，传为元代宫殿角楼遗构，亦堪称故宫角楼蓝本，1902 年西侧习礼亭失火，旋又修复。可惜的是，1956 年拓宽景山前街时，两座习礼亭与南牌楼均被拆除，只剩大高玄殿三座门还守着无声的过往。

庚子国变时期大高玄殿西牌楼，透过牌楼还能看到远处的北上西门

庚子国变时期大高玄殿东牌楼及习礼亭，同紫禁城西北角楼形成精彩对照，让人不禁联想习礼亭前身是否就是两座角楼。捷克乌拉兹拍摄

庚子国变时期大高玄殿南牌楼及习礼亭。牌楼院一直是封闭空间，车马从南侧经过。捷克乌拉兹拍摄

【尚余两道残墙的北海东三座门】

前文说道，“三座门”在北京有多处，系并排三座门楼，或三个门洞，因大多没有命名，门楣无匾额，所以俗称“三座门”。民国二十五年（1936 年）《北平市内外城分区地图》上，便称北海东三座门到大高玄殿这

黎芳 1879 年拍摄的北海团城一带。从图中可知北海东三座门靠里的那道琉璃三座门当时还没有建。其实北海东、西这两组琉璃三座门，是慈禧太后当权时加建的

段路为“三座门大街”。

北海东三座门其实有两道，靠东一道为外，靠西为内，这是清代为屏卫三海所建，门内俱为禁区。其实也没那么森严，清代只要没有御驾出行，戴顶官帽也能穿行。这两道门之间相距约二十米，形成一个小空间，北面是北海的桑园门，南面是中南海的蕉园门。靠外（靠东）一道其实明代是有名号的，据《明宫史》载叫“乾明门”，原就有并排三座门楼，同东西长安街三座门形制近似，同前文提到的神秘“三座门”几乎是双胞胎，同北海西三座门最外（最西）一道对称。靠内（靠西，靠近团城）一道和北海西三座门的最里（最东）一道门是对称的琉璃门，不过这是三座门楼，北海西三座门的最里那道是一座门楼。

《北平市政府工务局民国二十年二十一年份工务合刊》载有系列工程图片，一是北海东三座门起石板道、开辟门口、改修沥青路、修理洋灰道牙工程，一是北海西三座门北平图书馆前公路栽立洋灰道牙、修理便道及添建便道旁门工程。《工务合刊》上登载的北海东三座门图片颇为珍贵，是1931年至1932年间此处修缮改造的生动记录。这次改的是靠近团城这道门，又在中间琉璃门楼的两侧墙上各开一个门洞，形成三门楼五门洞规制，同时将石板路改为沥青道。

北海东三座门于1955年1月2日至6日被拆除，现北侧尚遗留北海桑园门和东西两侧两小段红墙，分别标示着北海东三座门两道门的原位置。

日伪时期自西向东航拍北海东三座门。这两道门，实际为桑园门和蕉园门围合出了一个封闭空间

庚子国变时的北海东三座门。这是靠里那道琉璃三座门最北的一个门洞，拍摄机位在琉璃三座门西侧。图片左侧隔墙可见桑园门

民国初期自北向南俯拍北海东三座门一带。此时总统府在中南海，北海已经是公园，三座门的性质正在逐步变化

【北海西三座门的消失】

民国二十年（1931年）至二十一年（1932年），北平面临着旧城改造的问题。作为故都，还要从文化上谋发展，便对古建筑多了一份珍视和从容。据前文提及的工务局图片资料，我们可以看到对北海西三座门的保护、改造和使用。此前，民国十八年（1929年）北平特别市有一份文件，说的便是大桥西端的三座门掖墙拆除、门楼保留的事。北平公安局因为北海西三座门第二道门总有墙角便溺、宵小潜藏，便要求拆墙，市府要求工务局查清是否属于有价值遗迹，局长华南圭查明系“满清时代专作下级差弁回避隐匿之用，与其它前代建筑品于美术上有关者迥不相同”，而且妨碍交通，建议拆除，门楼则保留，“以留旧迹”。老照片显示，这座门是清末加建，建筑形制也较低，名字也普通，叫骑墙门，此门掖墙处原有值房，应是慈禧太

日伪时期的北海西三座门。图中可见北平图书馆大门

后常驻西苑加强警卫所用。即使这样，也还是充分调查讨论后才施行的。

北海西三座门靠西的那道门，属最外也最早的一道，对应北海东三座门的乾明门，为“灵星门”。现在最常用的写法是“棂星门”，其实是缘于《元志》的误写，“欲祭天者，先祭灵星”，灵星门就是天门，多用于郊坛和文庙，恰恰在嘉靖时，门内的玉熙宫前就有一座小小的土谷坛，而门在金鳌玉蛴桥边，同样也是守天子之门。乾明门在康熙《皇城宫殿衙署图》中，只有两侧墙，门户已无。康熙二十三年（1684 年）刊刻的高士奇所著的《金鳌退食笔记》云：“乾明门（遗址）在大高元殿之西承光殿之东，尚有基巍然，人无知者。”可见清初皇城内人员成分单一，皇帝游幸三海也没那么频繁，门禁也就相对松弛，故而废弃已久，清初一直未曾恢复。在《乾隆京城全图》中，此门才又兴复重现。而康熙《皇城宫殿衙署图》上，灵

民国时期的北海西三座门中的骑墙门，这门建得最晚，名字后来也少有人知晓

星门则连墙基都没有存留，《乾隆京城全图》上又同乾明门遥遥相对了。在稍后的另一张乾隆朝地图上，则出现了沙滩以西那道神秘“三座门”，三门连为一线。后续其他各门，也均系乾隆帝和慈禧太后按游幸之需添建。您看，这一道道门，一面面墙，就是界限和路径，阻隔的同时也在引导，排斥的同时也在接纳。

北海西三座门靠近金鳌牌楼的那道门，是单座琉璃门，民国时在两侧卡墙开方门，同靠近玉蝀牌楼的东侧三门楼琉璃门又有不同。这座单琉璃门东侧便是北海的阳泽门和中南海的福华门，这两座门可通行慈禧太后御用的小火车，两门之间的铁轨，还是可拆卸的。

随着时间的流逝，在1936年的地图上，北海西三座门的中间一道已经消失，只剩下两道门，直至20世纪50年代。倒是文津街的地名还在，这些“三座门”北侧的北平图书馆还在。门前那俩石狮，是圆明园的，门内那两座华表，也是圆明园的，同北京大学那两座都是圆明园安佑宫前的，分的时候还整错了，都不成对儿。

北海东、西三座门之间，便是北海大桥，老北京人又叫它金鳌玉蝀桥、玉蝀桥、御河桥、金海桥。北海大桥是很多北京人的记忆之桥，人从桥上过，宛在碧波仙山中游，而这桥更古雅响亮的名字还得是金鳌玉蝀桥，久游域外的老北京人若是听到这个名字，怕是要落泪的。它玉龙一般介于北海和中南海之间，西为金鳌牌楼，再西是文津街上的北平图书馆，东为玉蝀牌楼，再东则衔连了著名的团城。

元朝时团城还是小岛，东西两边为木桥，西桥便是北海大桥的前身，中间靠舟桥通行，移舟即可断行。明代团城东侧填平，西侧木桥于弘治二年（1489年）改石桥，桥面木质。在康熙二十一年（1682年）绘制的《皇城宫殿衙署图》、乾隆十五年（1750年）绘制的《乾隆京城全图》、乾隆三十二年（1767年）绘制的《京师生春诗意图》以及同时期绘制的《冰嬉图》上，北海大桥依然都是这种提栈式石桥，即两侧石桥中间为活动木桥。曾采用这种制式的，还有琼岛前的堆云积翠桥，连接中海和南海的蜈蚣桥，以及瀛台前的那座古桥，这样的桥称为“断桥”，后来还成了慈禧太后囚禁光绪帝、袁世凯软禁黎元洪的“证据”。

晚明《明宫史》载，乾明门之西“其石梁如虹，直跨金海，通东西之往来者，曰玉河桥，有坊二，曰金鳌、曰玉蝀……桥之中，空约丈余，以木枋代石，亦用木栏杆”。《金鳌退食笔记》载，桥“中流驾木，贯铁緈丹槛，掣之可通巨舟”。后来还是乾隆帝把它彻底改造成石桥，并在中间最大的桥孔两侧刻上对联，如今还能看到北侧对联，“绣縠纹开环月珥，锦澜漪皱焕霞标”，桥洞上方横批“紫海回澜”。南侧如今看不到了，原是“玉宇琼楼天上下，方壶圆峤水中央”，横批“银潢作峤”。

1956 年，金鳌玉蝀桥向南拓宽至 34 米，桥身加长，坡度降低。大桥的九孔只保留中间的第五孔流水畅通，其余的八孔桥洞用砖砌死只为装饰之用。后为安全起见，把石栏板改成铁栏杆，1972 年再一次把栏杆加高，成了现在的样子。民国初年袁世凯当总统时，就在桥面靠南建过一道长墙遮挡视线，连南侧汉白玉栏杆也一并遮去。如今那些平顶方形覆莲石栏杆，以及上方雕饰束竹式寻杖和云拱，下方板心有海棠池雕线的玉石栏板，据说挪到了琼岛西边，若有按图索骥的雅兴，兴许还能寻觅到它们的踪迹。

桥两端的北海东西五道“三座门”，在 1955 年 1 月被拆除，11 月，金鳌玉蝀牌楼被拆除。团城没有拆，它是分辨元大内方位的重要标识，周围的宫廷寺庙衙署几经变迁，唯有它还那么分明地矗立在冲要之地。甚至有观点认为团城是辽代一个军事关卡，位于辽南京施仁门外一条向东北延伸的大道上。团城乃是太液池中“海上三仙山”之一——北为琼华岛，南为瀛台，中则为团城。它还是中国“高台榭、美宫室”传统的难得台榭实例，团城上有承光殿，元明时为圆殿，清康熙时重建改为平面十字形，优美别致。内有东南亚风格的玉佛一尊，清末从缅甸弄来时，多少有点糊弄慈禧老佛爷的意思，还真成功了，至今头顶上悬的“大圆宝镜”匾额，就是太后御笔。乾隆帝也好玉，他打南长街真武庙老道那里，把腌咸菜的玉瓮赎买运到这里，还建了一座玉瓮亭，做了题刻，也算是抢救了文物，对得起这渎山大玉海的老主人忽必烈大帝了。除此之外，那被封了“白袍将军”的白皮松和被封“遮荫侯”的古松，以及登临此地满目的皇宫别苑的美景，对观者来说都是一种难得的享受。

至于那两座辉煌的金鳌玉蛛牌楼，也彻底消失了。只剩两块石额，据传为嘉靖帝御笔，曾经堆放在墙角多年，如今收藏于首都博物馆。牌楼为三间四柱三楼式，立柱不出头，单檐庑殿顶，多重多拱，梁枋绘有三层彩画，衬着长长的玉带一般的石拱桥，曾是很多老北京人心中最美的风景。金鳌多指海上仙岛，应是致意团城，团城承光殿的前身，圆顶穹盖的仪天殿，正有“金鳌”之称；“玉蛛”则是这长桥的美称，正呼应“银潢作峤”。金鳌在西，玉蛛在东，但在康熙《皇城宫殿衙署图》和《乾隆京城全图》上，却是金鳌在东，玉蛛在西，不合记载，难不成跟景山寿皇殿前牌楼一样，是石额被安反了？1933 年，因糟朽严重，牌楼梁柱改为钢筋混凝土结构，1955 年拆除后，未能妥善按计划保存构件，已再难有机会重现京城。

随着桥、门和牌楼渐渐消失的，还有过往时代的那份历久弥新的讲究和精彩。天桥的宝三爷，年轻时有过名满京都的城中走会，这是颇有讲究的盛事，一路上，练狮子要“见高就上”，耍中幡的要“见桥不倒”。当年过金鳌玉蛛桥时，遇到这两座牌楼，宝三爷的中幡是直立着扔起，跨牌楼而过的，一时间，轰动四九城。

庚子国变时期法军自西向东航拍北海一带。图片右下方最近的是北海西三座门

【长安街东、西三座门】

长安左门、右门之外约五百米的东、西“三座门”，分别位于南池子南口、南长街南口靠外，横跨长安街，于1950年拆除。《日下旧闻考》载：“乾隆十九年，于东西长安门外增筑围墙，各设三座门。”1913年为开通长安街，将此东、西“三座门”改建为红墙、黄琉璃瓦歇山小式顶之三孔券门，仍称长安街东、西三座门。长安街东三座门内，南池子南口西侧红墙脚下，还有口上好的甜水井。清代震钧《天咫偶闻》载：“京师井水多苦，而居人率饮之。茗具三日不拭，则满积水硷。井之佳者，内城惟安定门外（满井），外城则姚家井。次之东长安门（应指长安街东三座门）内井，再次之东厂胡同西口外井，则劣矣……若宫中所用，则取玉泉山水，民间不敢汲也。”这口井的位置，根据老照片推断，应该就在此处红墙前的绿地里。

1902年长安街东三座门旧貌

民国早期拍摄的长安街西三座门。中券洞远处可见长安右门一角；右侧券洞可见有垣墙，而长安街东三座门外南侧无墙。图为武业凯提供

20 世纪 20 年代的长安街东三座门旧照。透过门洞可见长安左门

民国早期，鸟瞰长安街东三座门。图片左侧为英使馆及兵营

民国早期的长安街东三座门。图片右侧为堂子

凯赛尔拍摄的长安街东三座门

长安街东三座门水井，靠近皇城墙，基本和紫禁城东墙在一条纵线上

长安街东三座门水井，著名的甜水井，位置也极特殊

自有门道

【前门大街】

"正阳门大街"是"前门大街"的原名，1965年"前门大街"被定为正式名称。大街北起正阳门，南至天桥，明永乐年间定都北京之后，于正阳门外开辟廊房，"召民居住，召商居货"，形成今天前门大街的格局。外城构筑之前，这里是正阳门关厢，自元大都时期便是新城和旧城的连接部，明代又着意招商经营，是朝前市的精华所在。这里还是皇帝郊祀的必经之路，号称"天街"，嘉靖朝外城构筑后，人口更加密集。明清易代，内城民人尤其官宦富户悉数迁居外城，内城禁止开设的戏园等娱乐场所也迁往外城，外地进京赶考也多居外城会馆，外城更加繁华。清末又在前门两侧建成京奉和京汉铁路车站，带来巨大商机。自古到今，前门大街都是京城繁华市井的代名词。

明初的前门大街，从正阳门至天桥路口的街宽为70米至90米。明永乐年开始，在前门大街两旁设市场，如珠宝市、粮食市、铺陈市、肉市、果子市等。至明末，前门大街两旁的商贩"搭盖棚房、居之为肆"，"侵占官街，拥塞街道"，清代又继续在"大街石道之旁，搭盖棚房为肆，其来久矣，今仍之"。所以说，前门大街，可谓是摆地摊儿摆出来的。明代比现在得宽一倍，到了后来，渐渐摆上了地摊儿，跟原有店铺保持距离，再留出石道，也就天天开张了。只有皇帝出行，比如去天坛祭天、去先农坛种地亲耕耤田等，才会暂时清街。

《日下旧闻考》云："今正阳门前棚房比栉，百货云集，较前代尤盛。"

清末前门大街，远处依稀可见祈年殿

总之是地摊搭起了棚子，棚子又成了板房，到了清街，照样关张撤摊儿。棚屋又逐渐改为正式铺面房，这时候，原来的临街正式店铺，反而缩到两边，成了背街里街。于是板房干脆改成了正经店铺，磨砖对缝，冲天牌楼，招幌林立，这些，成了前门大街的铺面，有些甚至成了百年老号，比如全聚德。东侧里街为肉市、布巷子和果子市，西侧里街为珠宝市和粮食市，前门大街最终由一条大街变为三条买卖街。以至于五牌楼，也陷在了店铺里。到了庚子年，皇上跑了，商贩更撒欢了，地摊儿摆上了正阳桥，连御道上也是。这就是天子脚下的市井生活啊。

从《乾隆京城全图》看，三条街的格局已经形成，甚至此时的沟渠，也是按此格局设置的，只是不允许再做进一步侵占而已。比如乾隆四十二年（1777 年）鲜鱼口大街失火后，相关奏折就提出，正阳门外至天桥一带大街系圣驾祭坛经由之所，曾将两边铺面一律取齐修整，此内间或有不能取直者，则折中处理，允许骑沟修盖，而每年掏沟时即在铺内清掏，且相沿已久，失火烧毁的这类房屋，仍准其照旧有地基补盖，一律取齐，并规定嗣后临街房舍遇有毁坏，仍照此办理。乾隆帝的御批是：知道了，钦此。（《金吾事例》）

1973 年，为适应北京城市建设发展的形势，北京市规划部门对原来的北京城市总体规划进行了修改，与此同时，对城市道路红线做了全面调整。前门大街的红线宽度仍定为 80 米。

既然这街还是皇帝祭祀的必经之道，那么永定门和正阳门之间，到底有没有铺过御道？乾隆帝在《正阳桥疏渠记》中称之为石衢，碑文说："正阳门外之石衢，抵正阳桥，桥之左右市廛栉比，允帝王都会，万方辐辏之綦也。桥之南为天桥，其南石衢直达永定门，则答阳黄道，荡荡平平，会极归极之宗也。"石道肯定是有，但御道却不一定。大清门到天安门是正经的御道，中间凸起，两侧斜墁。石道则是一律长石交错平铺，也就是工部记载里说的豆渣石横铺，每皮三块，二侧牙石勒边。

正阳门瓮城内御道，在庚子年之前和之后，有了变化，御道依然是中间凸起，但两侧由横铺改为侧铺。

反映前门大街变迁的旧照里，1865 年法国摄影师保罗・尚皮翁（Paul

庚子国变时期前门大街石道最南端横向石条便是天桥

Champion）拍摄的应是目前所见最早的一张。1885 年至 1890 年间拍摄的旧照中，可以看到图左侧桥北头荷包巷的转角楼，道光年间开设的谦祥益分号在此，图右侧桥南头也有转角楼。

庚子国变后到 1902 年期间，德国公使穆默拍摄旧照里，桥南头转角楼没了，其右侧的过街楼也没了。前门大街以东的残垣断壁正在恢复建设，五牌楼匾额还没恢复。1902 年旧照里，前门大街东侧、西打磨厂街西口的瑞增祥绸缎店老楼还未拆。前门大街逐渐恢复了繁华，桥北头转角楼没了，再也没恢复，桥南头的转角楼复建了。

1903 年，箭楼搭架在修，瑞增祥新楼这年建成。1906 年，转角楼北侧的连卷楼才恢复，此时正阳门东车站在建。

清末，正阳桥最外侧栏杆加了围挡，多了个圆亭建筑是新式厕所。1913 年 4 月 3 日，隆裕出殡，人山人海，桥上还挤出了事故。1919 年正阳桥改建，1935 年正阳桥牌楼也改换了水泥柱子。

庚子国变时期前门大街石道

1865年保罗·尚皮翁拍摄的前门大街，一片祥和景象

1885—1890 年间拍摄的前门大街，可见转弯通往荷包巷的石道

庚子国变后到 1902 年期间的前门大街。 德国公使穆默拍摄

前门大街 20 世纪三四十年代旧照。电车在马路上缓慢地驶过

【南北池子南北长街】

长安街上，天安门两侧，高高的黄瓦红墙，便是皇城墙了。红墙上开两个黄瓦拱券门，分别写着三个遒劲大字——“南池子”“南长街”，这些都是民国旧迹，算来也一百余年了。东边的是南池子，西边的是南长街。南池子再往北，是北池子；南长街往北，那自然就是北长街了。您看，北京传统的地名设置，有时就是这么直白。

其实以前更直白，这两条街干脆是一个名字。有清一代，不同的地图上、记载里，一会儿相邻的两条街都叫南长街、北长街，一会儿都叫南池子、北池子，只是到了 1917 年，要在这南边皇城墙上开洞通长安街，要书写门楣，这才刻意区分了一下，既然俩名都叫过，那就一边一个。

1945—1946 年期间凯赛尔拍摄的南长街南口券门。这是早期的城市改造典范，和传统建筑很搭

清代这里还叫过“池街”，这是更早的称呼，或者干脆就是不同念法。北京好些地名，既没有被正式命名过，也没有写出来挂那儿，口耳相传，约定俗成，也就会念串音。本来民间口头的地名，总含混不清，再加北京人说话滑溜得抓不住，也就各种转音，真要写出来，就各有其字。比如演乐胡同，还曾经被记为“眼药胡同”，什锦花园胡同也是从“适景园”“十景园”一路变化过来的，明代的把台大人胡同，到了后来干脆就写成了“八大人胡同”，而这跟驴市胡同变“礼士胡同”又不一样，驴市雅化为礼士，那是民国政府的讲究，这演乐变眼药，适景变什锦，把台大人变八大人，则就转了音，吞了字儿。

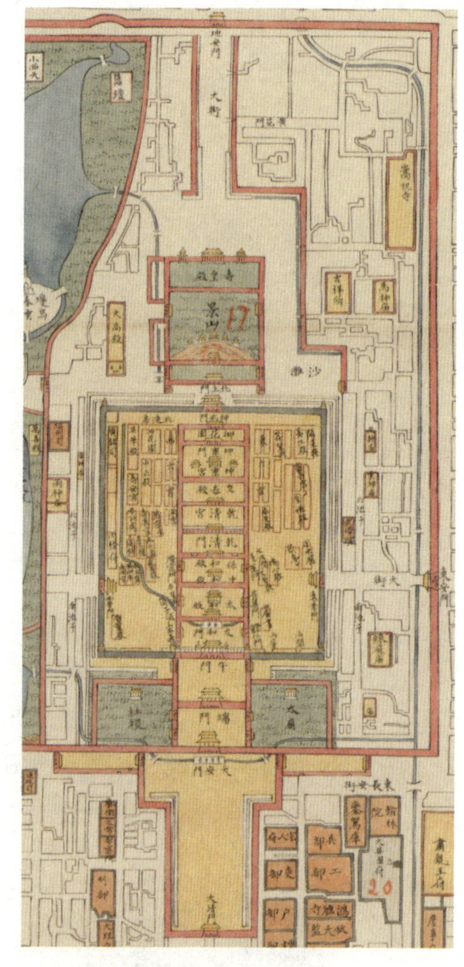
1865年北京地里（理）全图里的标注，皆是北池子和南池子

无论池子还是长街，看来都跟“池街”谐音，其实池子也好，长街也罢，之所以被选取，是因为凡人易解，本来就是长长的街巷，甚至还会让人觉得这边应该是有水池子的。可偏偏落到地图里、字面儿上，又是池子、长街混着。更有甚者，在《宸垣识略》这么正经八百的书里，上一句还池子呢，下面就写成长街了。甚至还有东长街的说法，那就更是

把两条街只区分东西，不区分名称了。说白了，在更早时代的人们眼里，这只是分列紫禁城两侧的两条功能相对单一、位置相对僻静的道路。

而这“池街”的说法，就值得探查了。如果说池子、长街我们还能一听就明白，那么池街就有点费劲了。池街又是从何而来呢？咱们还得顺藤摸瓜往前捯。

在明代记录皇宫禁地的《明宫史》《酌中志》这些书里，还有更正规的写法“驰街”“驰道”，那是明代人的叫法，其实就是皇家马路，那时这两条道还很清静，类似于故宫里高高的宫墙夹着的“永巷”，而又比永巷更宽更适合跑马通行，所以这么称呼。

而且驰街位置也特殊，在紫禁城护城河外，紧靠内皇城墙，离外皇城墙还有相当的纵深，很适合安全防卫，对于重要警卫对象的出行，这里是比较放心的所在。后来承平日久，皇城防卫渐弛，天子又向来推崇与民同乐，讲究前朝后市，所以皇城内有了定期的宫市等等，到清代又取消明代内府二十四衙门，收缩了皇家禁地范围，皇城内有了市井生活，这东西两侧的南北驰街才变成了居住经商、功能多样的街道，于是明代很分明的驰街，便含糊成了池街、长街、池子。

大概是这么个变迁吧，百姓口耳相传，时代沧桑变迁，肃静变为热闹，威仪范儿转而为烟火气，也就有了如今的称呼。

但还有一个说法，值得一提。在一幅题名为《顺天全图》的清代木刻版老地图上，在皇城的西部水面标注着“坎沼”和“离沼”，东部则标注着“北池”和“南池”，这是一种用卦象指代方位的说法，坎为北，离为南，其实说的是北海和南海，而“池”则是护城河，从地图看是皇城的护城河，也就是御河。坎沼、离沼很少提及，但北池子、南池子就这么叫着，成为地名。

【“皇家”的地界“皇上”的路】

根据明代宫里人记录，当时崇祯出行游景山是有专门路线的。

据《明宫史》载，崇祯皇帝游景山禁苑的线路是：出东华门和东上门，沿东卫城与东禁城之间的“驰道”北行，过东上北门，至“东长街”北口，折向西行，至北上东门外，又折向北行，入山左里门。游毕，皇帝过北上门，入玄武门返回宫中，其他人则按来时原路返回宫中。明代蒋德璟《悫书》中也载有类似路线：“崇祯癸未九月，召对万岁山观德殿。出东华门，入东上北门，绕禁城行，夹道皆槐树，十步一株。折而西则万岁山在望矣，复折而北，入山左里门。上御观德殿，皇太子侍立，诸臣趋过永寿殿，至观德殿阶下。上御坐，张金字屏，书一小赋。门外张黄幔，对毕赐茶饼。有顷，驾兴，入玄武门，诸臣仍出山左里门。”

这“驰道”“东长街”，便是今日的北池子大街，只是当时还有各种门禁，各路段还有细分名称而已。只是不知崇祯帝最后一次去景山，是不是走的这条线儿，也真是可悲可叹。同样可叹的，是东上门、东上北门、北上东门，这些都没了，天子门庭又如何？禁卫森严又怎样？照样随着风云变幻消失得无影无踪，如今南北池子和南北长街上，也只剩了几座皇城寺庙和零落旧居而已，却都是神秘而又精彩的历史遗存。

在明代，皇城曾设有“四司、八局、十二监”共二十四个为皇家服务的衙署，称为内府二十四衙门，刘瑾、魏忠贤这些大太监便是在这些衙门里起来的。到清代，这二十四个衙署又被改编为内务府“七司三院”。这些机构有相当一部分就分布在南北长街及南北池子两侧。

【有名气的地儿】

南池子大街北起东华门大街，南至东长安街，南口距天安门城楼不足500米，基本是广场的宽度，全长792米，也基本是广场的长度（880米）。过去是皇城内南端不通的一条通道，曾经也叫南长街，还叫过东华门外南街，俗称南池子。1917年打通皇城墙，便利交通，才真正成为大街通衢。1965年之后叫南池子大街，1966年之后叫过葵花向阳路。东与缎库、瓷器库胡同、菖蒲河沿、普度寺西巷等胡同相交；西与飞龙桥胡同、大苏州胡同、小苏州胡同、银丝胡同相交。三级街道，宽15米。明清苑囿、衙署、库房居多，造弓箭、马鞍、养狗，民国通行后，才逐渐有更多民居。

明代在两驰街附近，除了衙署，还有离宫别苑，西边是西苑，也就是北海和中南海，东边则是东苑，也叫小南城、南内。东苑明永乐时为皇太孙宫，据《明实录·明太宗实录》载，永乐九年（1411年）十一月丁卯，“命太子嫡长子为皇太孙，冠于华盖殿”。朱棣在位时，不但立朱高炽为太子，还把自己最喜欢的孙子、朱高炽的长子朱瞻基立为皇太孙。重华宫和延安宫，一北一南，形成皇太孙宫的核心区域，又同南池子西的龙德殿游幸区域，三足鼎立，构成了南内的核心。若从乾清宫向东南划一条四十五度斜线，恰好经过南三所（明太子宫后寝位置）和皇太孙宫，这并非巧合。明代整个皇城区域分三大块，紫禁城大内的中轴区域、其东南的太子东宫区域，以及皇城东南的南内皇太孙宫区域，呈斜向方位布局，这符合传统礼制的安排，而且是基于培养皇朝接班人，演练临朝视事能力和学习各种礼仪的考量。

这里也是景泰皇帝朱祁钰关他哥哥明英宗朱祁镇的地方。“阿兄南内如嫌冷，五国城中雪更寒”，就是写兄弟俩那段典故的。明英宗朱祁镇在土木堡之变中被蒙古军队俘虏，其弟朱祁钰继位。景泰元年到八年（1450—1457年），获释归来的明英宗被软禁于此，所居宫殿的白玉栏杆也被弟弟拆了修隆福寺去了，甚至要靠皇后卖针线活儿度日。当然这十有八九是传说，太上皇毕竟还是太上皇，生活应该不会太差。明英宗八年蛰伏，终于趁景泰帝病重，凭借夺门之变重登大宝，这是被史家反复咏叹的宫廷风云。

明英宗没有忘记这处幽居七八年的殿宇，复位后的天顺三年（1459 年）又有扩建。中路有重华殿、圆殿、后殿和清和阁，前为重华门，后为丽春门，门后是御苑。南内不只是天顺成化时期皇帝常常光临，其实后世如嘉靖帝也常在此游幸，甚至崇祯在吊死煤山之前还专门去过南内，为何去了这里？原来那里是崇祯为平乱而设醮之地，最后一次去，也许是在生死关头祈求上苍吧。

清初，摄政王多尔衮为临朝方便，在此建摄政王府。地位无以复加的摄政王，其府邸“亦与宫阙无异”（《清实录·清世祖实录》），顺治帝曾钦定多尔衮府邸规制，房基高十八尺，楼三层，覆盖以绿瓦脊及四边俱用金黄瓦。多尔衮夺爵后，王府废弃，康熙三十三年（1694 年），王府前朝部分改为缎匹库，后寝改为供奉护法神大黑天的玛哈噶喇庙，以沿袭元明之统，怀柔蒙藏。乾隆四十一年（1776 年），钦赐“普度”之名，殿内额曰“觉海慈航”，为乾隆帝御笔。后来仅余山门、大殿与方丈院，又曾用为小学，山门为粮店，并混建大量民房。

这就是普度寺的前世今生，起于皇太孙宫，经历过明英宗和多尔衮的风云变幻，定型于康乾盛世的喇嘛庙，最终走到了今天，成为皇城街巷中一处安静的名胜。

普度寺曾经文物丰富，民国时为军队及机构占据，供藏多有窃散，20 世纪六七十年代，文物局将所余造像供器妥藏于雍和宫与故宫南三所。大殿慈济殿内，前排曾供奉释迦牟尼佛，两侧迦叶阿难，俱已无，两侧贴金佛龛现藏于雍和宫万福阁。另有凤眼香一对，高丈余，实为腾格里沙漠海藻化石，今在雍和宫万福阁迈达拉弥勒大佛侧后。大殿后排为三世佛，同天王殿的弥勒佛一起由故宫调拨至白马寺，现收存于洛阳博物馆。抱厦东南角位置，有直径 4.8 米、深 1.5 米左右的转轮坑，转轮藏已无，尚有 12 块明汉白玉石雕，应是洪庆宫旧存。

普度寺的东北角，有磁器库胡同，这也是旧日皇城衙署在地名上的遗痕。“辫帅”张勋曾在此居住，复辟失败后，宅院被炮击并遭焚毁，时称“火场”，可见院子和火都非常之大。

再往南，南池子菖蒲河上的小桥叫作“牛郎桥”，南长街织女河上的小桥则叫作“织女桥”，织女桥旁有观象台，明永乐二十二年（1424 年）即有，这可都是天河的配套。牛郎织女桥估计也是俗称，桥既然有这么亲密登对的命名，款式应该类似，皇家是很讲究对称的，就如同有文华殿便要有武英殿，有天安门便要有地安门。

南池子路东还有砖石结构能够防火的皇史宬，用以保存宝训实录、皇家档案，还存放过永乐大典。“宬”与“盛”同义，用在殿宇上仅此一家，而且还是嘉靖帝手书创制。这是大型的明代无梁殿建筑，为了防火而刻意避开了木头，室内有高 2 米的汉白玉石须弥座，上置雕云龙纹镀金铜皮樟木柜 152 个。山墙上有对开的窗，以使空气对流。

普度寺和皇史宬之外，还能探访的小南城遗存，就是普胜寺了，寺位于南河沿大街 111 号，又称十达子庙，清顺治八年敕建，为清初所建三大寺之一。乾隆九年（1744 年）及四十一年重修。此处为清初蒙古高僧恼木汗在北京的驻锡处，1915 年后即为欧美同学会会址，至今一仍其旧。当年在梁敦彦先生（首届会长）的倡议下，由会员集资两千两白银，购得南河沿街口的普胜寺，拆修后建立。普胜寺的两块卧碑，很可能是皇史宬那两块明代卧碑改刻的，如今普胜寺这两块碑在五塔寺的北京石刻艺术博物馆，有考证兴趣的朋友可以去寻访一下。普胜寺附近还有飞虹桥，传说汉白玉雕花栏板上，满是海中珍奇，精美绝伦，是郑和下西洋时带回来的。

庚子国变时八国联军在普度寺门前。图中可见大殿前乾隆时期香炉

普度寺大殿近照。抱厦为乾隆时期增建，台座乃是明代遗构，殿前长长的龙尾御道也是其特色

其实要说南池子和南长街这两条大街上的著名景点，还得是中山公园和劳动人民文化宫，也就是明清两代的社稷坛和太庙，左祖右社，社稷坛开门在南长街，太庙开门在南池子，这两处的好那是三言两语说不尽的，单说这两处的妙：社稷坛和太庙的后身，临紫禁城护城河，坐在长椅上，眺望着高而玲珑的角楼，沧桑的城墙，那份沉静和惬意是不消说的。社稷坛内还有圆明园的精美石雕，大门内保卫和平坊前的喷泉上，汉白玉座正是从圆明园涵秋馆仙人承露台上取来，不知何时被扔在了某处绿地上。而从东单大街上拆来的克林德牌楼，如今则是保卫和平坊了，这中间还叫过公理战胜坊，那是纪念“一战”胜利，一鼓作气拆了屈辱的克林德牌楼，改建于此的。对比老照片，克林德牌楼被拆时有部分构件损毁，中山公园的牌楼变得小而简略了。而这些汉白玉构件，据说来自天坛东侧一个叫四块玉的地方，那真就是明永乐时修天坛剩下的四块汉白玉啊，只是如今已是绿地，不再有昔日的四块玉了。太庙的大殿乃是明初原构，紫禁城三大殿反复烧过好多次，如太和殿早已是缩小版的清代建筑，跟明代的汉白玉基座比例略有失调，而太庙则不然，若有机会目睹，一看便知。您可知道，这左祖右社里，一直住着居民，直到近些年，才陆续迁出，虽是狭隘平房，却也是皇城胜景之中难得的居处。

南池子大街南端的菖蒲河公园，则是近年景观提升的结果，在硕果仅存的南侧皇城墙背后，蜿蜒曲折，多少重现了昔日皇城别苑的风情，只是少了飞虹桥和小南城的贵戚贤达，多了游人访客。至于古迹，还要到公园外去找寻。这里原有西银丝胡同，在东长安街红墙北侧，是呈东西走向的死胡同，多为棚户矮房，至今老住户还依民国时旧称，称之为“银丝沟”，因胡同细长且旁有水沟而得名，其实那水沟就是菖蒲河。胡同于 2002 年后拆除，成为菖蒲河公园的一部分。

被轰毁的张勋宅

民国时期的欧美同学会，下方是堂子

【名人旧事】

最后再说点晚清民国的旧事。老舍先生的父亲，庚子国变中就战殁在南长街上，他是防守天安门的正红旗护军，负重伤挣扎到南长街的南恒裕粮食店里，最后尸首都没找到。2023 年北京人艺的开年大戏《正红旗下》便再现了这段饱含血泪的故事。而老舍先生则曾在北长街的雷神庙教育会工作，不知走过南长街时会是怎样的一种心情，那是在 1923 年。而同一年，家住南长街的梁思成，在附近一场游行中出了车祸，地点就在南长街拱门处，一条左腿从此留下残疾。林海音也住过南长街，就在社稷坛西门对面，晚年的她回忆道："小方院中，有一棵大槐树，夏季正是一个天然的大凉棚，覆盖着全院。大的孩子在树阴下玩沙土，奶妈宋妈抱着咪咪（林的女儿）坐在临街的门槛上卖呆儿。"这些旧事都已是过眼云烟。

南北池子也不得了，《新青年》杂志的编辑部曾设在北池子大街箭杆胡同内，李大钊、鲁迅等人都曾在这个小院中担任过编辑。曾积极参与《新青年》杂志活动的胡适，就曾住过南池子大街的缎库胡同 8 号，青年毛泽东亦曾登门拜访。新中国成立后，叶剑英、罗瑞卿、黄克诚、李德生、张云逸等也曾在此居住。

您瞧，就只是昔日皇城内的两条通道，就衍生出这么厚重的历史和灿烂的遗存，哪怕是居民住户，抑或专家学者，都不一定能尽得其中奥妙，关于皇城，就更有不少要做的有趣探奇，让我们慢慢寻访。

西便門
德勝門
北線閣
大街
水關
二條衚衕
三條衚衕
半截衚衕
法華寺
七條衚衕
六條衚衕
五條衚衕
四條衚衕
三條衚衕
二條衚衕
頭條衚衕
教廠中街
坑
北草廠
橫橋南
正黃旗界
新街口
蔣家房
龍王廟
坑街
草廠
官衣庫
賈家衚衕
宝禪寺
車兒衚衕
五王侯衚衕
太安侯衚衕
石老娘衚衕
護國寺
棉花衚衕
羅圈衚衕
鍋廠
鐵匠營
得勝橋
正黃旗界
大街
八調灣
馬家廠
柳巷
翊教寺
中廊下

第五章 门之谜团

安定
大街
文廟
國子監
順天府
淨土寺
琉璃寺
法通寺
大佛寺
靈官廟
財神廟
北鑼鼓巷
交道口
報恩寺
三條衚衕
二條衚衕
頭條衚衕
前鼓樓院
後鼓樓院
南醋兒衚衕
分司廳衚衕
謝家衚衕
伽藍閣衚衕
北花園
扁担衚衕
郎家衚衕

匾额之谜

【城门匾额】

1915年底，全城换城门满汉双文石匾为汉文石匾，由书法家邵章题写。据《燕都丛考》："各城门额，从前皆并书满汉文。民国纪元，以汉文石额易之。时贵阳朱桂莘长内务，以属邵君伯炯章，伯炯书成，颇自许，朱公付诸庸工刻石，邵君怒，驰书索回，朱公逊谢，改用良工乃已，今日各门之额，皆邵君之书也。"

宣武门匾额如今藏于北京宣南文化博物馆。笔者还在北京市规划展览馆看到了明代阜成门匾额，平则门明初石额亦藏于此。永定门石额和城楼清代木匾均藏于首都博物馆。当年很多匾额拆除后，暂存在内城西南角楼内的市政工程处太平湖仓库，可能时光流转，很多也就散落了。除了正阳门的石匾还在原处，笔者只在德胜门箭楼上见过展览的德胜门石匾，大清门的满汉双文匾在故宫收藏未展出。此外，至今未见到满汉双文石匾留存。

宣武门满汉双文匾额

宣武门满汉双文匾额

宣武门民国汉文匾额

东直门民国匾额

崇文门满汉双文匾额

崇文门民国匾额

20 世纪 50 年代的朝阳门民国汉文匾额

阜成门民国汉文匾额

1906 年复建完成后的正阳门箭楼。 拉里贝拍摄

【正阳桥牌楼匾额】

八国联军入城时，五牌楼的“正阳桥”匾额还在，不久后的1900年夏或秋，匾额丢失，空心了，后来在修缮时又补上了，修缮记录明确说“正阳牌楼一座，欠中心匾一方”。庚子年之前，前门大街五牌楼（正阳桥牌楼）上的匾额，是满文在右，汉文在左，这在《乾隆南巡图》里可以看到。修缮后的新匾额变成了满文在左。

这牌楼的修缮远早于前门楼子。清末民初，可清晰看到正阳门箭楼匾额依然满文在右，而正阳桥牌楼匾额则满文在左，不再是以往的和谐，而是有点满拧。

为何会有这样的次序变化？有人说庚子国变后大清气数尽了，连正阳桥牌楼匾额都改为汉文在前了，这基本是臆想，到清帝逊位，规矩也没乱过，

正阳门箭楼满汉双文石额

《乾隆南巡图·启跸京师》里的五牌楼，满文在右，汉文在左

联军占领初期匾额尚在，满文在右

牌楼匾额也是朝廷修缮时自己换的。

有观点则认为，桥牌楼匾额一律满文在右，街牌楼匾额一律满文在左，这是当年为迎銮而仓促中整成了街牌楼匾额。的确，四牌楼这类街牌楼匾额皆是满文在左。

清初故宫和皇家坛庙满汉文匾皆满文在左。因书满文顺序是从上到下、从左到右，左为上。乾隆年间改，满文虽以左为尊，但仍要按汉文顺序置于汉文之上（右），午门到神武门皆满右汉左。沈阳故宫仍存满左汉右。

匾额消失

那么正阳桥牌楼匾额也可能是乾隆时改的，改为满右汉左。有可能乾隆年之前，正阳桥牌楼就是按清初老规矩满文在左的。即使有《乾隆南巡图》为验证，也不排除这种可能。

如果是这样，其实是有两种可能性的。一种是仓促中按街牌楼更换了匾额，即重新制作；另一种可能是重修时，翻出乾隆年前老匾，重新用上。也就又成了满文在左，汉文在右，同清初一样了。

到了民国，就没有满文了，连汉文也重写了。

匾额消失

重新安装后的匾额

重新配上的匾额，满汉文顺序改变

改为汉文匾后

【天安门匾额】

20 世纪 50 年代的天安门城楼背面旧照，可见匾额挂在天安门城楼北面

清朝入关以后，把明代的承天之门，改为天安之门，应是顺治八年（1651 年）重修时改名换匾。匾额上书“天安之门”，有满蒙汉三种字体，应是和顺治十年（1653 年）的慈宁宫匾额同样，从右至左，满蒙汉依序排列。汉文采用了篆书，这样拉长字体与另外两种字体协调。满文采取了意译，意思是“使天下平安的门”。

之后取消三体文字，改为两种字体的天安门匾额后，上边的字迹印痕也在。去掉了蒙文，也去掉了“之”字，采用了楷体书“天安门”，比篆书字体更显庄重大气。清帝逊位之后，1915 年底，内外城门、皇城门及故宫前朝匾额均由满汉双文匾改为汉文匾，“天安门”三个大字居中书写。

1950 年劳动节，天安门的旧匾额还在。1950 年国庆节前为安放国徽，挪走了匾额。1950 年国庆时国徽已经安放，匾额此时应该已经挪到了后面。后来，这个匾额于 1982 年在一个木厂被发现，铜字已经没了，可以看到匾额上有字痕，还看得非常清楚，字痕显示为“天安之门”，也就说明这块匾额应是清初做的匾额，清代的天安门匾额和民国时期汉文匾额，其实是同一块。

【神武门的故宫博物院匾额】

神武门直到1924年都还是清皇室掌管，1925年故宫博物院成立，挂了李石曾（李煜瀛）题的木匾。后来换了石匾。1971年换了如今的，郭沫若题写，水泥边框，近年也进行过修缮。

单士元先生在其《庭训闲话琐记——我与初创时期的故宫博物院》一文中，描述了民国时故宫博物院匾额的书写细节以及成立典礼实况。

这榜书匾额是由李石曾所写，他是两代帝师李鸿藻之子，也是清室善后委员会委员长和故宫博物院理事长。善榜书，功力极深，这匾额是他在故宫文书科内，粘连丈余黄毛边纸铺于地上，用大抓笔半跪着书写的。单士元先生当时捧砚在侧。

但典礼当日，到底挂的是青石匾额，还是木匾，却说法不一。据单士元先生记述：1925年10月10日，举行典礼，当日神武门外搭起花牌楼，门洞上镶嵌着李石曾先生手书颜体大字“故宫博物院”青石匾额。但另一种说法是：木匾才是建院原装，青石匾额是1930年换上的，上款则是“民国十四年双十节”，下款“李煜瀛题”。

木匾和石匾都有旧照，如果是如单先生所说，那就要探究木匾何时存在，从逻辑上看，第二种说法更合理。

1925 年故宫博物院成立，挂了李石曾题的木匾

更换为石匾

绝望的炮击

笔者在《京津蒙难记——八国联军侵华纪实》《1901 年》等书中，了解到很多庚子国变时中轴之门的风云故事。

1900 年 8 月 14 日，八国联军虽然攻进了北京城，但皇城仍未攻入，此时慈禧太后和光绪帝还在宫里。8 月 15 日，法军和日军一起去西安门解西什库教堂之围，他们在西安门北侧的皇城墙上搭上梯子，翻墙进入皇城，并同西安门内外的守军发生了激烈的巷战。午前时分，在正阳门以东近 140 米的城头，法军架炮轰击约 1600 米外的皇城西北部一带，炮兵指挥官身边围着一群看热闹的女士，这是从使馆被印度兵解救来的“难民”。在难民女士簇拥下的炮兵们发挥出色，炮弹完全落到了解救西什库的联军中间，

庚子国变时期的天安门弹痕累累

还真是精准。不过这也不算什么，毕竟在那时部队之间要协调的确不太容易，更何况这是各怀鬼胎的多国军队。刚刚攻入大清帝国的京城，在所谓“文明”的军队看来，这正是长官许诺的三天自由劫掠的时间，混乱正在迅速蔓延。

美军则从正面进攻皇城，但他们首先要夺取正阳门。这里的箭楼已在两个月之前焚毁，真可谓自毁长城，在关键的保卫战中，守军失去了一个非常重要的制高点。终于，正阳门在一场血战之后，于早晨 6 时 30 分被美军从英勇抵抗的甘军手中夺下，昔日热闹的棋盘天街上，至少三四十具守军尸体横陈在血泊中，身边是他们不屈的刀剑和步枪。京城陷落以来，有逃跑、有转移、有坚守，依然在内城和皇城交战的双方，此时都已经不考虑太多，

庚子国变时期的天安门

而只是凭着意念在战斗和厮杀，用句俗话说，是杀红了眼。

在此之前，美军已经在东便门和清军进行了激烈交火。如今美军精锐的第九团的团旗上，还印着一排文字：保持火力。这是因为该团团长利斯库姆上校被清军子弹击中身负重伤，回头大喊“保持火力”，这句话遂成为该团座右铭。

8 月 15 日，美军炮兵连在正阳门城楼架炮，开始向紫禁城方向射击，第九、第十四步兵团和海军陆战队逐步占领了棋盘街。美军在攻城战开始之前非常鸡贼地提前独自发动进攻，结果在东便门费了九牛二虎之力才杀进来的俄军，也到达了这里，分明还想抢一杯羹。大清门紧闭不开，士兵们抬来周围的木栅桁条进行撞击，他们小瞧了中国皇城的坚固，大门纹丝不动。战事紧急，美军只好用大炮轰击门中央，也只是震松了门闩，勉强挤进去一个人方才打开。第十四步兵团鱼贯而入，率先到达千步廊区域。大清门内，皇家禁地，却到处是荒草，廊房破败荒废，未知的恐惧在死死盯着他们。这时他们发现，长四五百米的千步廊尽头，还有一座更高大的门——天安门。

这支美军小分队只走出不到百米，便遭遇了来自天安门的猛烈火力，子弹带着怒火，覆盖了这天子的禁地，他们匍匐在草丛里，进退两难，子弹呼啸着在耳畔飞过，似乎不是从前方，而是从四面八方。美军在惊慌失措中拼命反击，每人携带的一百发子弹几分钟内全打光了，小分队死伤惨重。这时，在正阳门指挥炮击的美军上尉瑞利，头部被子弹击穿而死。这位炮兵军官是美军精英，可能是过于自信，在城楼上过于暴露自己，而忽略了这是真正的战斗。狙杀高大城墙上敌方指挥官的一幕，发生在 1900 年的大清门前，让很多人觉得不可思议。其实我们都低估了清军精锐的现代化水平和战斗力。

上午 9 时，天安门护军的火力依然非常猛烈，并有清军从西交民巷东

庚子国变时期的千步廊

口向棋盘街发起侧翼进攻，美军被迫一面守住棋盘街东部，一面进行迎击。短兵相接中，发起无畏冲锋的清军成批倒下。此时美炮兵又推进到千步廊一带向天安门轰击，炮弹一发一发在城楼上、城台上和门洞中爆炸，战斗结束后很长一段时间，天安门上弹痕累累，是国耻的伤痕，也是勇士的纪念。新中国成立后维修时，在天安门正面靠西檐下发现的炮弹，就是此时打入的。美军狙击手又在大清门顶上和城墙上不断射击，又有两个连去支援前面的小分队，天安门上的火力逐渐飘忽，两门美国炮更加抵近射击，布满门钉的大门裂片横飞，凄厉的爆炸声在千步廊上空回荡。一箱又一箱的炮弹被运来轰击帝国皇城的大门，几乎要将这古老的砖木建筑撕碎，但美国人惊讶地发现，一通炮击后却收效甚微，天安门岿然不动，这令他们目瞪口呆。

看热闹不嫌事儿大的英国人，此时派了一队日本苦力，抬着从天津卫带来的竹制云梯，帮忙来了。作为新晋的帝国主义俱乐部成员，日本人总是会“及时”出现各个关键场合。这皇城正门的城台是如此之高，两个梯子接起来也还是差几米才到墙头，后来将梯子直接架在东侧值房顶上才爬上去。日本苦力像猴子一样摇晃着爬了上去，天安门城台有十多米高，相当于架梯子爬上五层楼。爬上天安门城台的日本人发现，那里除了一些尸体外，已经没有清军。清兵撤离天安门后，正在端门前的广场里迅速转移，迎接马上到来的另一场战斗。皇城的纵深设计，即使在热兵器时代，也依然具有极好的防御优势，让每一个贸然进攻者都感到头疼。美军继续轰击大门，同时狙击枪透过门缝射击，似乎没有个尽头，一个连的步兵学着日本人登上城门，从里面奋力打开了大门。战斗暂歇，端门前广场上，每面墙边都搭着清军的圆形尖帐篷，有虎旗在猎猎飘扬，四周一片寂静。美军在天安门深长的门洞里躲藏，准备向端门发起进攻。也许是观察了周边的情形之后，觉得经过艰苦的战斗，清军是溃退了，美军开始放松了警惕，于是同样的情形再次出现，美军一个连兴高采烈往里走时，突然在广场中央被猛烈的火力覆盖，一些人被打死或重伤，伤员暴露在强火力下，惨烈的喊叫声再一次回荡在皇城广场上。美国人用枪逼着中国俘虏去抬伤员，子弹雨点般落在他们周围，一个伤兵的腿几乎被一颗重子弹切断，血流如注。一门美国炮匆忙地开火，声音震耳欲聋，但也只是在壮胆。更多美军部队到达，端门上的火力弱下来，大清护军再次撤退。美军开始在端门前的廊房里搜索，发现各种先进武器，毛瑟枪、温彻斯特连发步枪等，以及大批弹药，并且俘虏了几个人。清军的装备之好，战斗之顽强，都出乎联军预料。

中午时分，美军推进到端门前，透过门缝他们看到清兵在迅速转移，寻找掩体布防，狙击手开始射击。美国将军霞飞到了现场，正是他发出了占领皇城的命令，他和参谋在端门前广场刚一露面，便遭到了袭击，马上退了

日本苦力爬上端门城楼

回去。清军的狙击手还很活跃，紫禁城护军的力量不容小觑，这令美国人心存忌惮。美军同样轰击了端门的大门，并搭梯子爬了上去。那几张战地照片拍的正是他们爬上端门，但往往被错认为爬上天安门。当时端门城楼上已经空无一人。就在美军即将进攻午门时，在使馆方的干预下，以及作为预备队和增援部队的俄军撤离的情况下，霞飞决定停止进攻，这令付出了惨重代价的美军士兵非常愤怒，美军的进攻在午门前停滞了。这次战役，美军上尉瑞利阵亡，6 人死亡，19 人受伤。美军最终驻守在午门前广场，没能进入午门，紫禁城依然在清军手中，双方进行了谈判，联军象征性举行了入城式，以此作为警告，美军和日军共同把守着宫禁，确保紫禁城内皇室宫眷和其他人等的安全。

庚子国变时期的午门

美军在午门前扎营

楼阁廊房探秘

【朝阳阁　万缘庵　清凉庵　紫竹庵】

前门瓮城东侧，对着东闸门，有一条小街，两侧有庙、有铺面，但基本没有标过名字。这条街在闸门处连通荷包巷，靠南有一座朝东的阁楼，叫朝阳阁，阁前有一个坐北朝南的小庙叫龙王堂，从《乾隆京城全图》看，标

庚子国变之前的朝阳阁和龙王堂

出了朝阳阁也标出了龙王堂，是两处，朝阳阁是相对独立且有配殿有门户的，龙王堂和朝阳阁的门都开在东闸门外这条街上，所以当时也可能是相互独立的。但龙王堂也的确有记载同朝阳阁是同一处，而且就是乾隆年间的《宸垣识略》所载："龙王堂在东洞子门外东城根，又名朝阳阁，明建，本朝乾隆间重修。每岁僧人募缘舍粥，自十月十五日起，至来春二月十五日止。"（道光三十年碑则认为是康熙时建）这么看二者又是一体，或许只是龙王堂不如朝阳阁叫得响。如上面记载所言，这庙里还设有朝廷的朝阳阁粥厂。道光时有"为善最乐"碑记载集资兴办粥厂之义举：阁建自康熙年，乾隆庚子毁于火，寻复修建完好，惟舍粥一事时举时废，道光二十七年（1847年）冬复行开厂，又添建廊厦为众人息足避风雪地，道光三十年又新丹雘，四月告竣，六月立碑，其间有宗室、翰林及吏部、刑部、鸿胪寺、上驷院、景山官学等处官员参与其中，堪称盛举，当时的主持乃是广真。

庚子国变之后，这里地处前门东车站，朝阳阁和龙王堂也就先后被拆了做货场了，只剩一棵大树，还标示着龙王堂的位置。其实龙王堂朝阳阁还在，1901年搬迁到了附近大席胡同，民国两次寺庙调查，都有它，而且道光三十年的"为善最乐"碑也搬过去了，看来要继续其接济穷苦的使命。只是1928年那次调查误写为光绪二十七年（1901年）建，其实是迁建，20世纪30年代的调查明确了这一点。看调查记录，佛像不少且佛道皆有，三世佛、弥勒佛、菩萨、华佗和关帝共有八尊，庙房二十六间半，如今已经沦为民居，难见旧貌了。

同朝阳阁东西对称的，是万缘庵，在前门西侧第一个墩台（中心台）前靠东，仅有一进，山门、大殿，以及厢房，坐北朝南。这里在修前门西车站时被拆。在城墙的另一面偏西，贴墙还有一座尼姑庵，名为清凉庵，大殿坐东朝西，整体两进，二门朝西，进门就是大殿和一座北房，南面就是城墙。和清凉庵东西对称，在正阳门内侧靠东，第二墩台内侧，贴墙有一座紫竹庵，坐南朝北，小殿外并无配房。这类庵堂，同瓮城两庙不同，多是民间自建。正阳门内外店铺云集，捐资修建还是有条件的，这也正说明了正阳门不仅是国门，也是市井的大前门。

庚子国变之后的朝阳阁和龙王堂

庚子国变之前的朝阳阁背面，右侧是龙王堂

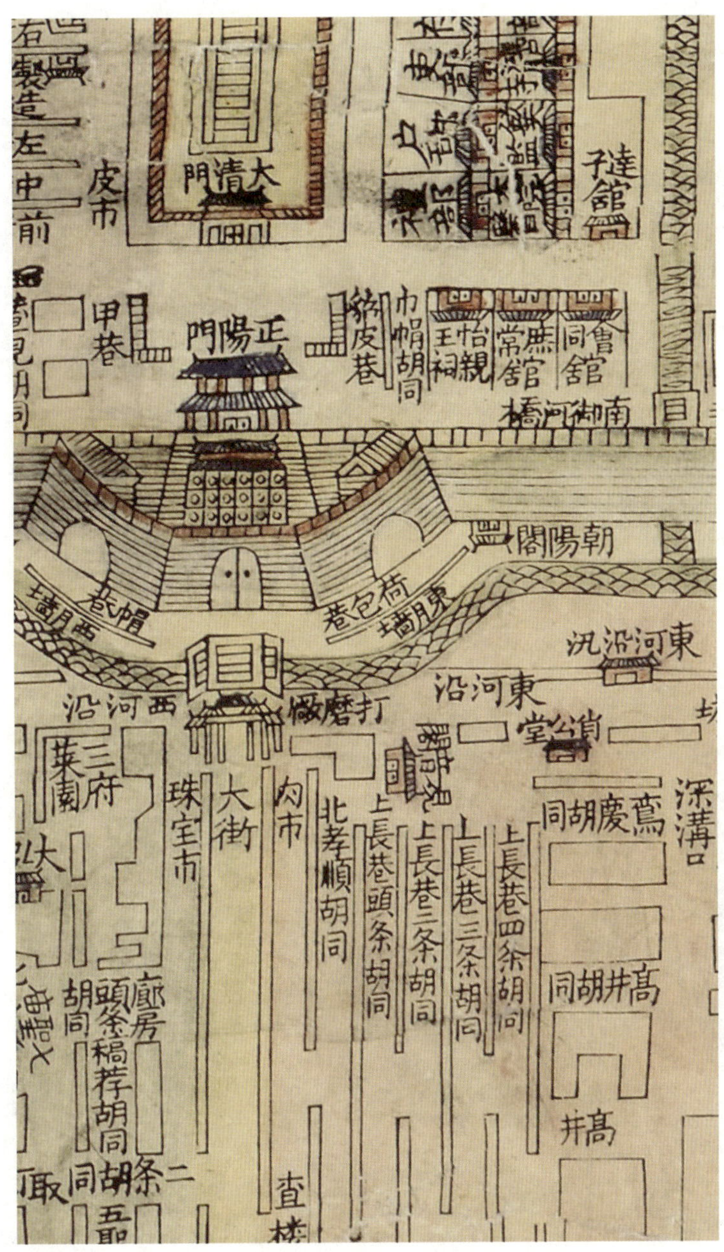

清嘉庆时期地图，标注出了正阳门东侧的朝阳阁

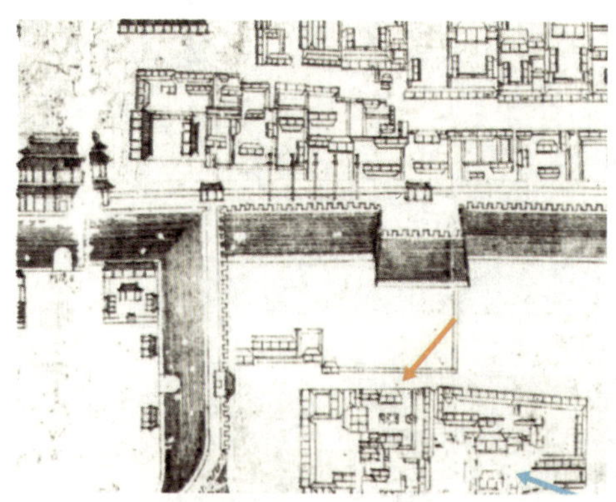

《乾隆京城全图》里的朝阳阁和龙王堂

庚子国变时期的龙王堂尚未拆除

龙王堂已经拆除

【偏吉官厅】

“偏吉”是满文，意思是“两侧”，偏吉官厅就是两侧官厅。大清门棋盘街前两座偏吉官厅为十开间筒瓦硬山建筑，庚子年东边那座被毁，两宫回銮前重建，民国初年全部拆除。不但大清门前、正阳门内各有两座偏吉官厅，内城八门内亦有，分别由八旗骁骑校率兵守卫，大驾卤簿仪仗还有偏吉侍卫。两座偏吉官厅同东西两侧以及北侧的石栏杆，围合成了一个长方形，官厅之间是通大清门的御道，平时设有挡众木（拒马）。大清门近前又是一个石栏杆围合的长方区域，石栏杆内，门两侧各有面阔三间的朱车房，两尊明代石狮雄踞门前。两个围合区域之间，可通东西交民巷，这条横道两端，便是两座下马牌，庚子年后，又在下马牌南侧，通道口各建了一座小牌楼。两座偏吉官厅前，还各有一座水井，这是皇城的“龙眼”。《燕都丛考》载：“清光绪庚子前，棋盘街东、西商店林立，拳匪构乱毁于火。今东面为美国操场，西面亦仅商店数家，千步廊更无可考，惟周围石阑尚存。井二，俗谓之龙眼者，轴轳依旧。石阑之内，杂植树木，黄槐绿柳，夹道环列。”《乾隆京城全图》和光绪《皇帝大婚图》都画到了这两口龙眼井，《平定西域献俘礼图》里也画到了西侧偏吉官厅的水井，民国后龙眼井围上了水泥栏杆，主要供马路洒水之用。

庚子国变中被毁的东侧偏吉官厅

两宫回銮后的偏吉官厅

1902 年重建后的东侧偏吉官厅

1911 年东侧偏吉官厅

《平定西域献俘礼图》里的偏吉官厅

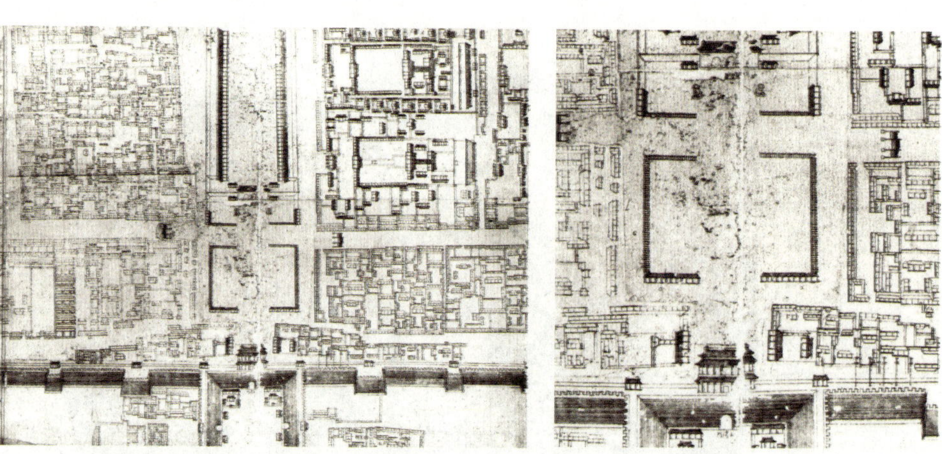

《乾隆京城全图》里的偏吉官厅

清代庆宽等人所绘的光绪《皇帝大婚图》中，可见这两个龙眼井

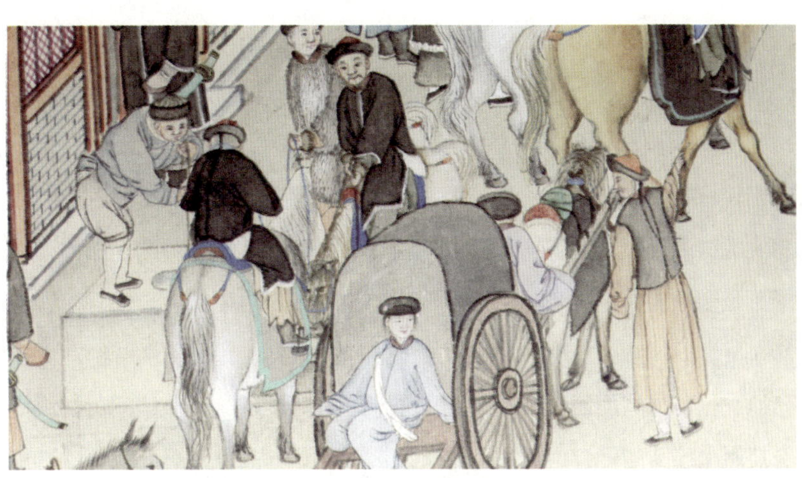

《平定西域献俘礼图》里西侧偏吉官厅前的龙眼井

【千步廊】

修建于永乐年间的千步廊，尽管名义上是朝房，但是距离宫殿太远，导致长期闲置，宣德年间改为存放六科文书档案的库房。清代以后，千步廊不仅存放文档，还存储粮米和木料。东千步廊用于贮存来自南方的漕粮，称为“内仓”，归户部管辖。与东华门外的恩丰仓、京师十三仓，以及通州的两仓，合称“京通十七仓”；西千步廊用作木仓，隶属工部。有些木料放在屋内，也有的在后院里存放，上面搭着罩棚。在庄严的天安门广场设立仓库，可见过去朝廷也不是那么讲究。除此之外，还有两项重要活动在千步廊进行。一是礼部审核乡试、会试考卷的“磨勘”，相当于国家公务员考试的复查；二是刑部对死刑案件的“秋审”和“朝审”，类似于最高人民法院的死刑复核。1915 年，千步廊在城市改造中被拆除，木料用于修建中央公园的亭台廊舍。新中国成立之初，林徽因在《谈北京的几个文物建筑》一文中写道：“如果条件成熟，将来我们整理广场东西两面建筑之时，或者还可以恢复千步廊，增建美好的两条长长的画廊，以供人民游息。廊屋内中便可布置有文化教育意义的短期变换的展览。”

千步廊是灰筒瓦，有彩绘，中间有防火隔墙，类似紫禁城围房的构造。廊房跟两侧大墙形成狭长院落，里面还有树，背对大清门内御道。千步廊的门窗位置也是个有趣的问题，明清有过几次调整，在反映千步廊形制最早的写实性绘画《康熙南巡图》里，门窗在外侧，朝御道一侧的是墙体，而且窗子不是槛窗式，是砖墙内开矩形窗，乾隆朝则变为朝御道一面开窗，当时所修《日下旧闻考》便有相应记载：“千步廊东西向，又折而北向。”而在清末老照片里，这些门窗又被封堵，庚子年重修时，还绘制了假门窗，跟箭楼箭窗挡板上绘制的炮口有异曲同工之妙。

随着清王朝的寿终正寝，千步廊随即在 1914 年至 1915 年间，伴随着

民国初年千步廊尚在

1914 年东侧千步廊正在拆除

千步廊 1915 年被拆后

国门的改造，道路的打通，以及社稷坛改为公园的革新举措，最终拆掉，旧料主要贡献给了中央公园。1914 年拆的东千步廊，旧料去了中央公园，修了游廊、水榭、四宜轩、春明馆、来今雨轩。1915 年正阳门改造，同时拆西千步廊，旧料物尽其用，在中央公园一息斋、绘影楼、春明馆、董事会等建筑物扩建时，派上了用场。

千步廊中间位置，东西红墙两方门是 1913 年为在中华门举行国庆典礼，及方便富贵街和四眼井通行所开，因为活儿糙，刚修好就垮塌过，门高八尺宽五尺，那时“到方门去”，意思就是去红墙那里溜达溜达。两道红墙是 1954 年至 1956 年先拆了北半部分，1959 年拆除南半部分，先拆东西两侧，后拆南侧，1959 年底中华门同步拆除。

【雁翅楼】

地安门雁翅楼旧照不多,《乾隆京城全图》标明了雁翅楼位置，地安门内大街南端，靠近景山后街，折尺型，所以是雁翅，应该是防卫用途，明代的北中门，应该就在这个路口。后期估计用途多了，民国还做过乞丐收容所。楼北端是悬山顶，连着内皇城墙。

如今号称雁翅楼的中国书店所在，是不是雁翅楼有争议，应该是地安门内值房官厅。传统所指的地安门雁翅楼只是地安门内大街南口这对称的折尺型的两座。

1908 年慈禧太后出殡时拍的老照片中拍到了雁翅楼西楼

1918—1919 年间甘博景山北望所摄照片中可见雁翅楼

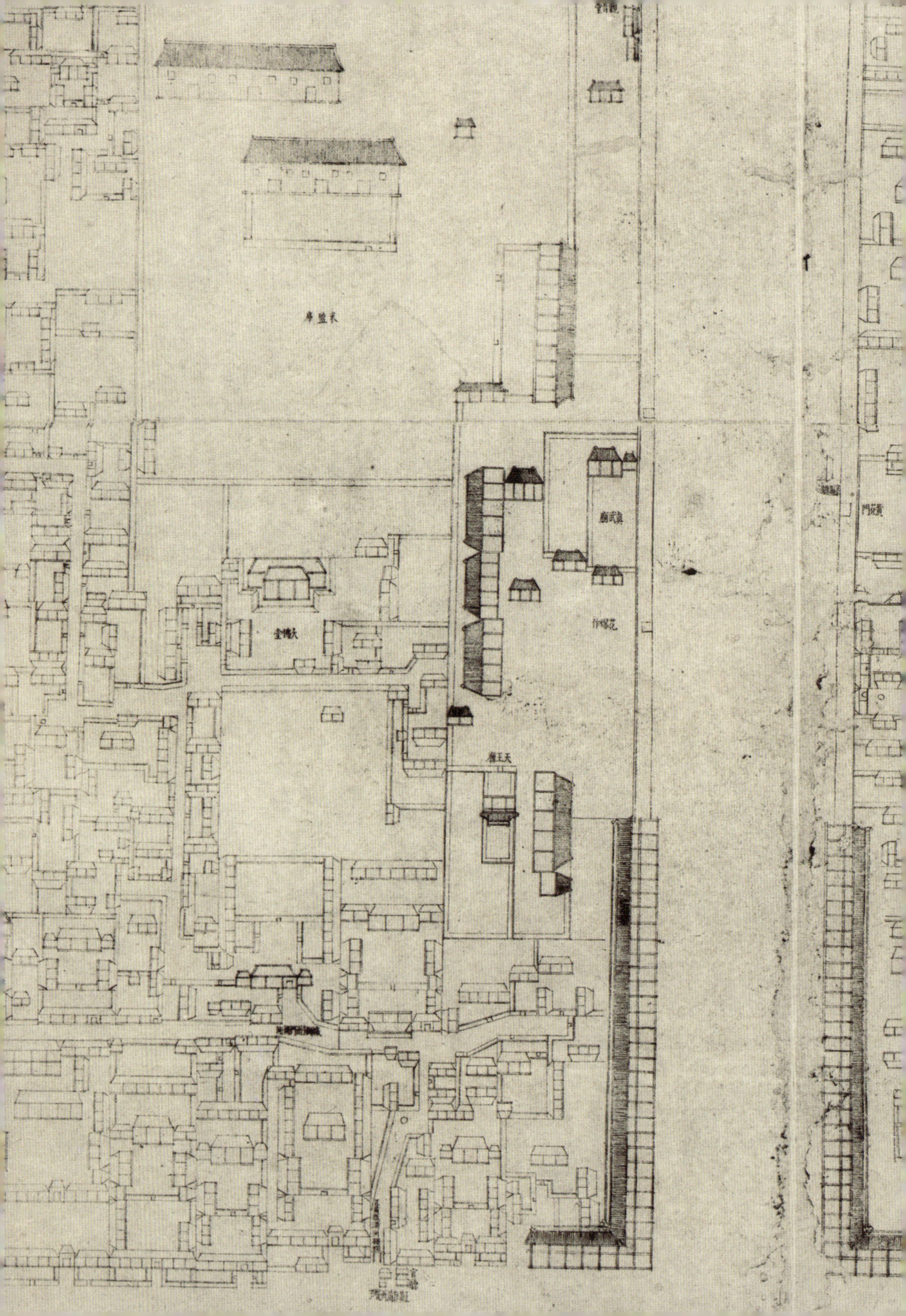
米盐库
真武廟
花炮作
大佛堂
天王廟
黃花門

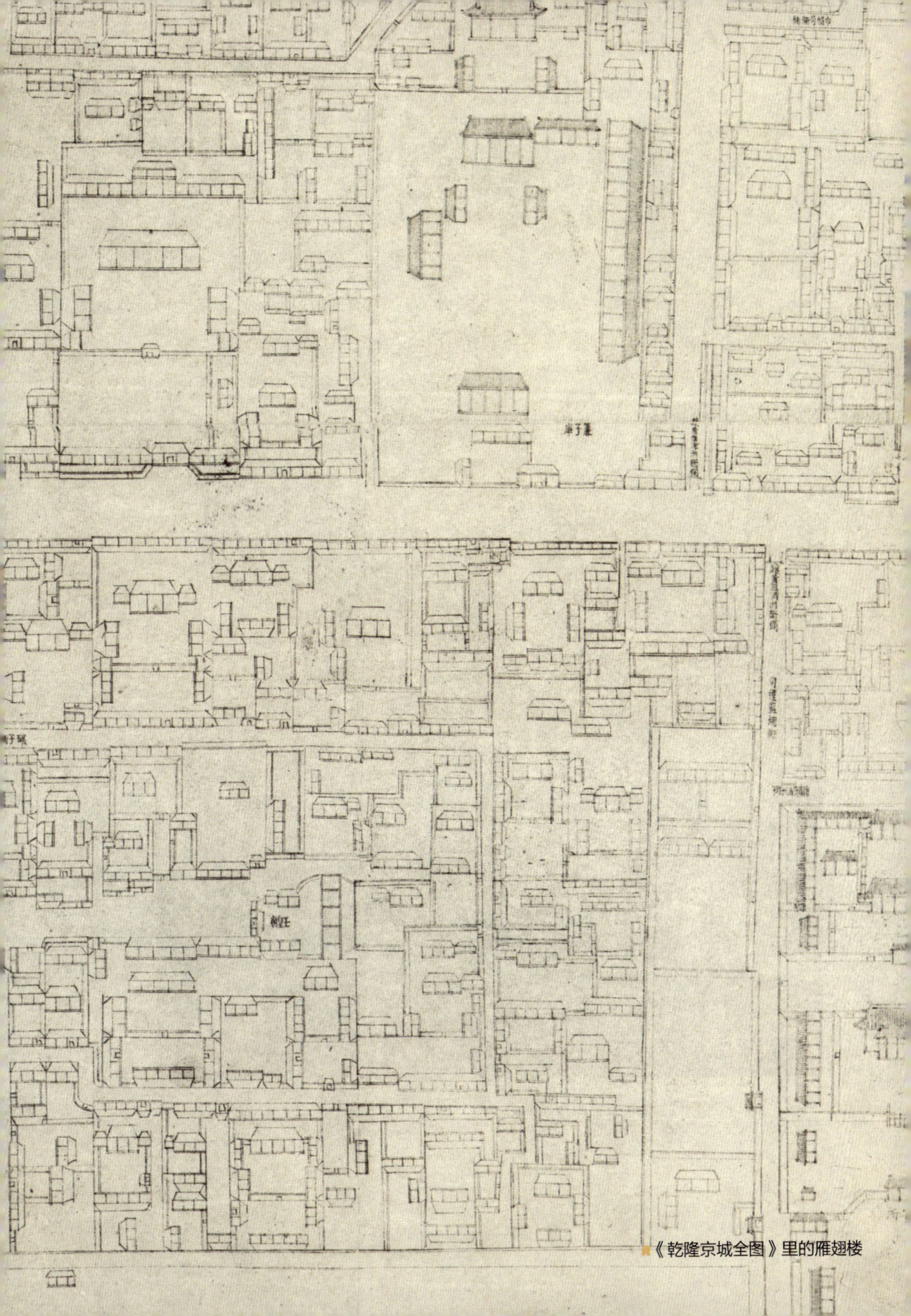

《乾隆京城全图》里的雁翅楼

【集贤楼】

地安门外，那时常出镜的老长的商铺楼，称作“集贤楼”。它在地安门外路东，后门桥北路西的火神庙和它斜对。这楼外观像粮食店街第十旅馆，从前门大街南口对面看，老长老长，而且都有白芯的女儿墙，好几卷屋顶绵延。民国初就住鼓楼那片儿的靳麟老先生，在《北京钟鼓楼风物杂记》里说了一段话，经过老照片比对，说的就是这座楼。他说：“后门大街桥南路东有个集贤楼，是仿照前门首善第一楼式样盖的，三层楼房，磨砖对缝，

1917 年 8 月的鼓楼大街，右侧是集贤楼

门上的砖花，雕刻得非常精细。该楼从事招商营业，但没办起来；后改为公寓，也因租住的人不多而歇业，空闲多年，现已改建为友谊时装厂。”

集贤楼在民国早期还做过茶楼，日本人来了也就黄了。常人春先生回忆，它的南边，还曾开过父子大药房，当年地安门外四家西药房之一。集贤楼可谓是民国商业投资的一个失败案例，投资很大，体量惊人，地界也好，但就是干啥啥不灵，一直也没能火起来，但却因其超长的体量，和得天独厚的位置，而常常被收入镜头，成为旧京地安门外一道独特的人文风景，这，也许才是它真正的使命所在吧。

民国时期的鼓楼大街，右侧是集贤楼

地安门航拍影像中，左侧可见位于地安门外街道东侧的集贤楼。凯赛尔拍摄

1918—1919 年期间甘博拍摄的照片中可见集贤楼

结语

《中轴之门》是我的第一本书。我是一个散淡的人，从来都习惯于凭着兴趣穿梭于二维时空，满足于碎片的搜寻，片段的拣拾，残篇断简，偶然显于纸上，总让我忐忑。如今穿掇成册，得以成书，想到这样一本小书要被不同的目光摩挲，被不同的手塞入书架，或放入包中，抑或一翻之后从此尘封，这在之前无论如何都是一件不会发生在我身上的神奇之事。

如今想来，一切都是命定。就像十八岁的我注定要来北京上学，又在二十年间工作生活于北京老城的崇文和东城，并有幸参与了史家胡同博物馆、史家胡同文创社和内务部街27院的孵化创立，在名城保护和街区更新方面倾心参与，再也放不下老城文化保护、发展、延续的执念。而这本《中轴之门》的缘起，则是我所痴迷的北京历史老照片，老照片在北京文史书写和文化传播中有着独特作用，而这本《中轴之门》，正是这独特作用下的一颗小小果实。

我日常维护着一个内容小众的微博，把它看作我的北京老照片开放式资料库，我就是这样在对老照片的考证和整理中，积攒这些历史的碎屑，试图拼读出一些真实来。我和我的朋友们不断探究着影像背后的真实，他们是马玉明、韩立恒、北平心、黄加佳、刘阳、高一丁、姜宝君、杨征、欧阳靖飞、刘静怡，赵婷、许庆元、秦姣、崔勇、宋壮壮，及其他热爱老北京的朋友们，这本书离不开他们的支持。感谢单霁翔、王军、张志勇、王兰顺、杨良志、朱祖希等比我年长的前辈们，他们引导我步步前行。也感谢北京日报出版社，给一个新人这样的支持和信任。而这本书，最终要送给我的家人，我们彼此陪伴，相依相偎。

书写一座城，用图文探寻它更真实的面貌，实在是一种背负，比不得诗人词人，靠着从天而降的灵感，唰唰几笔，就可以交付。是的，这是一种沉甸甸的交付，就像我有幸得以出生成长的农村里，人们用生命的消耗换来的收成，总是沉甸甸的。

我们还在这个古老的城市里生活，我所热爱的这座城市，养育了生于斯长于斯的人们，也接纳了无数漂泊的心灵。这里正在发生伟大的故事，我们都身处其中；这里满是琐碎的人世生活，我们亦身处其中。

李哲

2023年2月18日晨

图书在版编目（CIP）数据

中轴之门 / 李哲著. -- 北京 : 北京日报出版社,
2023.5
ISBN 978-7-5477-4521-2

Ⅰ. ①中… Ⅱ. ①李… Ⅲ. ①城墙－介绍－北京
Ⅳ. ①K928.77

中国国家版本馆CIP数据核字(2023)第005778号

中轴之门

出版发行：北京日报出版社
地　　址：北京市东城区东单三条8-16号东方广场东配楼四层
邮　　编：100005
电　　话：发行部：（010）65255876
　　　　　总编室：（010）65252135
责任编辑：许庆元
助理编辑：秦　姣
装帧设计：今亮后声・任晓宇　贾梦瑶
印　　刷：雅迪云印（天津）科技有限公司
经　　销：各地新华书店
版　　次：2023 年 5 月第 1 版
　　　　　2023 年 5 月第 1 次印刷
开　　本：710毫米×1000毫米　1/16
印　　张：23.5
字　　数：230 千字
定　　价：128.00 元